Egger   *Kleine Bibelkunde*

D1726629

WILHELM EGGER

Kleine Bibelkunde

zum Neuen Testament

TYROLIA-VERLAG
INNSBRUCK–WIEN–MÜNCHEN

2., durchgesehene Auflage

Mit kirchlicher Druckerlaubnis

ISBN 3-7022-1411-9
1981
Alle Rechte bei der Verlagsanstalt Tyrolia,
Gesellschaft m.b.H., Innsbruck
Satz, Druck und Buchbinderarbeit
in der Verlagsanstalt Tyrolia
Gesellschaft m.b.H., Innsbruck

Inhalt

Vorwort

Die vorliegende kleine Bibelkunde möchte eine Hilfe bieten zum Lesen und Verstehen des Neuen Testamentes. Die bemerkenswerten Fortschritte der Bibelwissenschaft haben vielen Christen neue Zugänge zum Schriftverständnis geöffnet, allerdings auch neue Fragen gebracht. So seien hier die wichtigsten Ergebnisse zum Neuen Testament, die von den Einzelfächern der Bibelwissenschaft (Einleitung, Zeitgeschichte, Exegese, Biblische Theologie) erarbeitet wurden, kurz dargestellt.

Eine Einführung ins NT läßt sich vergleichen mit der Führung durch eine Stadt: Wer die Stadt nicht kennt, findet so ohne größere Mühe die wichtigsten Stätten und Sehenswürdigkeiten; er wird aufmerksam auf Dinge, die leicht zu übersehen wären und doch verdienen, gesehen zu werden. Wie eine Führung, ersetzt auch eine Einleitung nicht das eigene Beobachten und das Selber-Hinschauen, aber sie macht auf Wichtiges aufmerksam und eröffnet eine neue Sicht.

Diese Einführung ist, was Form und Auswahl der Inhalte betrifft, aus einer zehnjährigen Tätigkeit an den Wiener Kursen für Theologische Laienbildung erwachsen.

Die Literaturhinweise finden sich jeweils im Anschluß an die einzelnen Kapitel. Weiterführende Literatur ist mit * gekennzeichnet; mit ** versehen sind jene weiterführenden Werke, die aufgrund des Themas und der Art der Darstellung als schwierig zu bezeichnen sind.

Gewidmet sei diese kleine Bibelkunde der Leitung, besonders Frau Dr. M. Schmid, den Mitdozenten und den Hörern der Wiener Kurse für Theologische Laienbildung.

Einleitung

1 Das Neue Testament – vielfältiges Zeugnis über Jesus Christus

Das „Neue Testament" (abgekürzt: NT) ist eine Sammlung von siebenundzwanzig Schriften, die auf vielfältige Weise – durch Erzählung, Lob, Glaubensbekenntnis, Unterweisung – Jesus Christus als den Heilsbringer für die Menschen, als Weg und Wahrheit schlechthin darstellen. Knapp und genau faßt ein Text aus 1 Joh den Inhalt des ganzen Neuen Testamentes zusammen: „Was von Anfang an war und was wir (gemeint sind die ersten Jünger Jesu) gehört haben, was wir mit unseren Augen gesehen, was wir geschaut und mit unseren Händen betastet haben, das verkünden wir, vom Wort des Lebens sprechen wir. Denn das Leben ist erschienen; wir haben gesehen und bezeugen und verkünden euch das ewige Leben, das beim Vater war und uns erschienen ist" (1 Joh 1, 1).

> Das Neue Testament ist ein vielfältiges Zeugnis über Jesus Christus, den Heilsbringer, der die Menschen in die Gemeinschaft mit Gott einlädt.

Im einzelnen enthält das NT folgende Schriften (in der Reihenfolge, in der sie in den Textausgaben aufscheinen):

— die vier Evangelien nach Mattäus (Mt), Markus (Mk), Lukas (Lk) und Johannes (Joh);
— die Apostelgeschichte (Apg), die von der Entstehung der Kirche und vom Wirken der Apostel, besonders des Paulus, berichtet;
— dreizehn Briefe, als deren Absender Paulus bezeichnet wird, die an Gemeinden oder Schüler des Paulus geschrieben sind;
— den Brief an die Hebräer;

- sieben Briefe, als deren Absender Apostel genannt sind: Jakobus, Petrus (zwei Briefe), Johannes (drei Briefe), Judas;
- die Offenbarung des Johannes (Offb).

In der Hauptsache sind diese Schriften in den Jahren 50 bis 100 n. Chr. entstanden: da einige Daten in der Forschung umstritten sind, seien hier nur allgemein anerkannte Daten der wichtigsten Schriften angeführt:

30 n. Chr. (Tod Jesu)	
50 n. Chr.	1 Thess
50–60 n. Chr.	1 und 2 Kor; Gal; Röm
60–70 n. Chr.	Mk
70–90 n. Chr.	Mt; Lk; Apg
90–100 n. Chr.	Joh

Der Name „Neues Testament" (= Neuer Bund) grenzt diese Sammlung von Schriften von einer anderen Sammlung ab, die wir Christen „Altes Testament" nennen. Während für Jesus die Heilige Schrift von den heiligen Büchern des Volkes Israel gebildet wurde, stellt die frühe Kirche schon bald eigene Schriften als gleichberechtigt neben jene alten Schriften. Diese neue Sammlung erhält im Lauf der Zeiten den Namen „Neues Testament". Mit dem Ausdruck „Neuer Bund" bezeichnet Paulus die durch Christus eingeleitete Heilsordnung (2 Kor 3, 6). Gleichzeitig erhalten nun die Schriften des Volkes Israel den Namen „Altes Testament" (AT): Sie sind dadurch gekennzeichnet als Schriften, die die Vorgeschichte des in Christus geschehenen Heiles schildern.

Für Christen ist das AT jener Teil des Buches der Kirche, der die Vorgeschichte des in Christus geschehenen Heiles darstellt.
Aufgrund der Christuserfahrung wird das AT neu gelesen: Christus wird als Ziel und Mitte des AT erkannt.

2 Das Neue Testament – Buch der Kirche

Das Neue Testament ist ein Buch der Kirche, weil diese Sammlung von Schriften in der Urkirche als Niederschrift der apostolischen Predigt entstanden ist. Auch in brieflicher Form verkündet Paulus die Botschaft, die er selber empfangen hat (1 Kor 15, 3). Indem die Urkirche ihre Verkündigung und ihren Glauben schriftlich niederlegt, schafft sie eine bleibende Norm für den Glauben der späteren Kirche. Schon Paulus trägt der Gemeinde von Kolossä auf, dafür zu sorgen, daß sein Brief auch der Gemeinde von Laodizea vorgelesen wird, da er überzeugt ist, daß die Mahnung an eine Gemeinde auch für andere Gemeinden Gültigkeit besitzt (Kol 4, 16).

Die Hl. Schrift gehört aufgrund göttlicher Stiftung zu den Gründungselementen der Kirche. Diese Überzeugung von der gottgewirkten Entstehung der Heiligen Schriften im Raum der Kirche findet ihren Ausdruck in der Lehre von der „Inspiration" der Hl. Schrift: Gott gründet die Kirche und bewegt durch seinen heiligen Geist Menschen, das in der Urkirche verkündigte Wort Gottes niederzuschreiben. Diese göttliche Führung schließt nicht aus, daß die menschlichen Schriftsteller ihre Fähigkeiten und Kräfte anwenden; sie bewirkt, daß „die Bücher der Schrift . . . die Wahrheit lehren, die Gott um unseres Heiles willen in heiligen Schriften niedergelegt haben wollte" (Offenbarungskonstitution 3. Kap.).

Daß die zu verschiedenen Zeiten und bei verschiedenen Gelegenheiten geschriebenen Schriften in einer Sammlung zusammengeschlossen wurden, ist ein Vorgang, der sich im Lauf der Kirchengeschichte als notwendig erwiesen hat. Schon der zweite Petrusbrief (um 130) weiß um eine Sammlung von Briefen des Paulus (2 Petr 3, 15f). Diese Schriften wurden gesammelt, um das Erbe der Apostel und ihrer Schüler zu bewahren. Ein anderer Grund, der zur Sammlung und zu einem „offiziellen Schriftenverzeichnis" führte, war die Abgrenzung gegen abweichende Auffassungen: so gegenüber dem Versuch des Irrlehrers Markion (um 150), der die Heiligen Schriften auf das Lk-Evangelium und zehn

11

Paulusbriefe (die nach seiner Auffassung allein das Evangelium von der Güte Gottes enthielten) reduzieren wollte, und gegen phantastische Evangelien, etwa das „Kindheitsevangelium des Jakobus" (das in der Volksfrömmigkeit jedoch großen Einfluß ausgeübt hat, besonders hinsichtlich der Marienverehrung und liturgischer Marienfeste wie die Darstellung Mariens im Tempel).

Um 350 bis 400 sind die 27 Schriften, die wir heute im NT lesen, auf verschiedenen Synoden als Norm der Kirche anerkannt. Das Konzil von Trient bestätigt 1546 dieses Schriftverzeichnis als „Kanon – Richtschnur" des Glaubens. Auch die protestantischen Kirchen haben trotz der Einwände der Reformatoren gegen die theologische Aussage einzelner Schriften (z. B. Luthers gegen den Jakobusbrief) diese 27 Schriften anerkannt.

Als Buch der Kirche ist die Hl. Schrift auch im Raum der Kirche zu lesen. Den Reformatoren des 16. Jahrhunderts galt die Schrift als alleinige Glaubensquelle (sola scriptura). Die katholische Lehre, daß die Bücher des AT und NT zugleich mit den Überlieferungen anzuerkennen sind, besagt, daß zum unwandelbaren Buchstaben des Evangeliums eine lebendige Überlieferung gehört: Die Schrift muß in das Leben und das Verständnis der Kirche eingebettet sein, um die Lebendigkeit der Schrift durch die Jahrhunderte zu gewährleisten.

NT als Buch der Kirche
Zeugnis der Verkündigung und des Glaubens der Urkirche;
Norm des Glaubens der Kirche;
in der Kirche zu lesen.

---

3 Das Neue Testament – Hilfe für Glauben und christliches Leben

Die Schriften des NT ermöglichen es dem heutigen Leser, sich anhand der ursprünglichen Quellen ein Bild über Jesus von Nazaret zu machen. Außerbiblische Quellen bezeugen die Existenz Jesu von Nazaret, doch sind sie nur in geringer Anzahl vorhanden und äußerst kurz gefaßt. Da das NT außerdem knapp und anschaulich geschrieben ist (besonders gilt dies für die Evangelien und die Apostelgeschichte), bildet es ohne zu große Schwierigkeiten einen für den Gläubigen gangbaren Weg, den Glauben zu vertiefen.

> Wer die Schrift nicht kennt, kennt Christus nicht.
> Im Wort Gottes erkennen wir Gottes Herz.

Allerdings besteht, auch unter interessierten Christen, Befangenheit gegenüber der Bibel und Angst, sie falsch zu verstehen. Hier können die verschiedenen „Gebrauchsanweisungen" und Hilfen zum Bibellesen einen Dienst tun.

Der persönliche oder gemeinschaftliche Umgang mit dem NT bereitet den Leser auf die Bewältigung bestimmter Lebenssituationen vor, indem sie ihn befähigt, das christliche Leben im Licht der wichtigsten Bibeltexte zu verstehen und zu gestalten.

Die Anforderungen, denen der Christ begegnet, sind verschiedener Art: sie betreffen seine individuelle Lebensgestaltung, seinen Platz in der Kirche und in der Gesellschaft. Die Bibel, besonders das NT als Botschaft von Jesus Christus, hilft, das Leben im Licht des Glaubens zu deuten. An Bibelkenntnis ist das Verstehen der wichtigsten Bibeltexte notwendig.

> Der erwachsene Christ soll fähig sein, das christliche Leben im Licht der wichtigsten Bibeltexte zu verstehen und zu gestalten.

Die Offenbarungskonstitution des 2. Vatikanischen Konzils legt in einem eigenen Kapitel die Bedeutung der Hl. Schrift für das Leben der Kirche dar:

Zusammen mit der Überlieferung sind die Hl. Schriften höchste Richtschnur des Glaubens, weil sie das Wort Gottes selbst vermitteln und die Stimme des Hl. Geistes vernehmen lassen (Nr. 21).
Das Wort Gottes ist für Kirche Glaubensstärke, Halt und Leben, reiner unversieglicher Quell des geistlichen Lebens (Nr. 21).
Das Studium der Hl. Schrift ist die Seele der Theologie (Nr. 23).
Alle Christen sollen sich durch häufige Lesung der Hl. Schrift die „alles übertreffende Erkenntnis Jesu Christi" (Phil 3, 8) aneignen (Nr. 25).

4 Urtext und Übersetzungen des Neuen Testamentes

Das NT ist ursprünglich griechisch geschrieben. Da die Originale der ntl. Schriften nicht erhalten sind, ist die Frage entstanden, ob die Schriften ohne größere Änderungen oder Fälschungen auf uns gekommen sind.

Die älteste erhaltene Handschrift ist der sog. Papyrus 52: um 120 n. Chr.
Er enthält die Verse Joh 18, 31–33. 37.
Wichtig sind auch die Papyri 66 und 75, geschrieben um 200 n. Chr. Sie enthalten Teile aus Lk und Joh.

Diese Handschriften sind auf Papyrus, dem aus dem Mark der Papyrusstaude hergestellten Schreibstoff, geschrieben. Vollständige Handschriften des NT (sie enthalten auch das AT in der griechischen Übersetzung) stammen aus dem 4. Jh. Bedeutsam ist der Codex Vaticanus. Diese Handschrift gilt vielfach als die beste Abschrift des NT.
Zur Treue der Textüberlieferung ist folgendes zu sagen:
– Kein Literaturwerk ist so oft vervielfältigt und schon in frühester Zeit so oft übersetzt worden. Wir besitzen 5000 Handschriften des NT (Gesamttext oder Teile), dazu noch viele alte

Übersetzungen (vom 3. Jh. an). Von den Schriften der antiken Klassiker sind nur wenige Handschriften erhalten (von Sophokles, 5. Jh. v. Chr., nur 100).

— Das Alter der ntl. Handschriften führt sehr weit zurück (zum Vergleich: die älteste Handschrift der Werke Platos führt nur ins 9. Jh. n. Chr. zurück).

— Mit Hilfe der wissenschaftlichen Textkritik läßt sich jene Form des Textes rekonstruieren, die ungefähr um 150 n. Chr. in den Kirchen im Umlauf war. Die weitgehende Übereinstimmung der Textzeugen zeigt, daß man um genaues Abschreiben bemüht war.

Die Bibelwissenschaftler arbeiten am griechischen Text. Für Verkündigung und private Schriftlesung dienen Übersetzungen und Übertragungen.

Drei Übersetzungen der gleichen Bibelstelle zeigen die Unterschiede und Eigenart der Übersetzungen:

Das Neue Testament (Mk 1, 1. 14f)
Einheitsübersetzung

1 Anfang des Evangeliums von Jesus Christus, dem Sohn Gottes.

14 Nachdem man Johannes ins Gefängnis geworfen hatte, ging Jesus wieder nach Galiläa, er verkündete das Evangelium Gottes

15 und sprach: Die Zeit ist erfüllt, das Reich Gottes ist nahe. Kehrt um, und glaubt an das Evangelium!

Die Gute Nachricht
Das Neue Testament in heutigem Deutsch (3. Aufl. 1971)

1 Dies ist die Gute Nachricht von Jesus Christus, dem Sohne Gottes.

14 Als man Johannes gefangengesetzt hatte, ging Jesus nach Galiläa und verkündete im Auftrag Gottes:

15 „Jetzt erfüllt Gott, was er versprochen hat; er will seine Herrschaft aufrichten und sein Werk vollenden. Ändert euch und glaubt diese Gute Nachricht!"

Das Neue Testament, übertragen von J. Zink (5. Auflage)

1 Hier beginnt die Geschichte von Jesus Christus, das Evangelium.

14 Nachdem aber Johannes gefangen und eingekerkert war (weil er auch das Unrecht des Herodes, des Königs, beim Namen genannt hatte), kam Jesus nach Galiläa und fing an, öffentlich zu reden:

15 Die Stunde ist gekommen! Heute, da ich vor euch stehe, steht Gott vor euch. Ihm soll euer Herz gehören, euer Wille, euer Glaube. Kehrt heim zu ihm, er wird euch aufnehmen. Er ist nahe und ihr sollt ihm nahe sein.

Aus den vielen Übersetzungen ist heute im katholischen Bereich besonders die Einheitsübersetzung zu beachten (Endfassung 1979/80).

Diese offizielle, im Auftrag der Bischöfe der deutschsprachigen Diözesen erstellte Übersetzung ist für den Gottesdienst und den Religionsunterricht bestimmt. Wenn dieser Text vorgelesen wird, ist zu beachten, daß der Hörer zwar in der Regel den griechischen Text nicht kennt, vielleicht aber eine andere Übersetzung.

Eine gemeinsame offizielle Übersetzung schafft einen Beziehungspunkt für die gemeinsame Glaubensreflexion und gibt eine gemeinsame Sprache für religiöse Sachverhalte.

Die Eigennamen sind in der Einheitsübersetzung nach den Loccumer Richtlinien geschrieben. Diese Richtlinien (1972) sind ein Kompromiß zwischen wissenschaftlichen Prinzipien und praktischer Notwendigkeit, um die Schreibweise der Eigennamen (die bisher in katholischen und evangelischen Ausgaben verschieden geschrieben wurden) zu vereinheitlichen. Allerdings haben sich diese Richtlinien nicht ganz durchgesetzt.

In den evangelischen Kirchen wird weithin ein revidierter Text der Übersetzung von Martin Luther benützt. Der sog. „Revidierte Text 1975" (betrifft das NT), der die Luthertexte von 1522 und 1545/46 und deren verschiedene Revisionen berücksichtigt, wurde von der Synode der Evangelischen Kirche in Deutschland zur Verwendung im Gottesdienst empfohlen.

Da Texte nicht nur unter dem Gesichtspunkt der öffentlich-liturgischen Verwendung übersetzt werden können, verlieren andere Übersetzungen nicht ihren Wert, sondern können zur Vertiefung dienen. Gesichtspunkte, unter denen Übersetzungen des NT vorgenommen werden, sind etwa: enger Anschluß an die ursprüngliche Sprachform (z. B. die Übersetzung des Markusevangeliums durch F. Stier), Erschließung des geistlichen Sinnes für heute (J. Zink), glatte und leichte Lesbarkeit (K. Rösch), dynamische Gleichwertigkeit. Diesen letzten Gesichtspunkt wählt „Die Gute Nachricht. Das NT in heutigem Deutsch" (Stuttgart 1971). Diese Ausgabe ist keine Wort-für-Wort-Übersetzung, sondern bemüht sich um dynamische Gleichwertigkeit: Beim heutigen Leser soll durch den Text die gleiche Wirkung erzielt werden wie beim damaligen Leser.

Einige Bibelausgaben helfen zum Verstehen, indem sie Arbeitshilfen enthalten, etwa:

Überschriften der Abschnitte
Parallelstellenverzeichnis
Einleitung zu den einzelnen Büchern
Sacherklärungen
Register
Verzeichnis der Verwendung in der Liturgie
Fotos und Reproduktionen von Kunstwerken
Poetische Stücke in Sinnzeilen

5   Zugänge zum Verständnis der Schrift

Die geistliche Erfahrung bedeutender Menschen, vor allem der großen Heiligen, und die wissenschaftliche Arbeit weisen Wege zur Erschließung der Hl. Schrift.

5.1 Die historisch-kritische Methode

Im Anschluß an die Entwicklung der Geschichtswissenschaft wurde auch die Bibel mit den Methoden der Geschichtswissenschaft gelesen. Mit dieser Methode wird vor allem untersucht, in welcher Gemeinde und welcher Situation die Texte ursprünglich verkündet wurden und was sie für die damaligen Leser bedeutet haben. Diese Untersuchungen führen z. B. zur Erkenntnis, daß die Gottesanrede Jesu in der Umwelt Jesu völlig neu und einmalig ist; oder daß Mattäus das Mk-Evangelium als Vorlage benützt hat. Die Ergebnisse der historisch-kritischen Methode sind eine bedeutsame Hilfe zum Lesen und Verstehen der Texte. Die historisch-kritische Methode hat allerdings nicht das einzige und letzte Wort über das Schriftverständnis. Jede Methode und jeder Zugang bietet Möglichkeiten, hat aber auch Grenzen: beide gilt es zu bedenken. Da die vorliegende Einleitung viele Ergebnisse der historisch-kritischen Methode als Hilfe zum Verstehen des NT bietet, braucht die Methode hier nicht länger dargestellt werden.

5.2 Geistliche Schriftlesung

Als „Geistliche Schriftlesung" wird eine Weise des Umgangs mit der Hl. Schrift bezeichnet, in der der biblische Text den Leser anspricht und es zu einem Gespräch kommt zwischen Bibeltext und Leser.
Aus den vielen Weisen, die Schrift „geistlich" zu lesen, seien hier einige genannt.

5.2.1 Die Aneignung des vierfachen Sinnes

Im Mittelalter wurde der Umgang mit der Hl. Schrift in einem kurzen Vers zusammengefaßt, der heute wieder vielfach als eine Möglichkeit der geistlichen Schriftlesung anerkannt wird:

Littera gesta docet, quid credas allegoria,
moralis quid agas, quo tendas anagogia.

In der Aufmerksamkeit auf den wörtlichen Sinn (littera) sucht der Leser genau zu erfassen, was der Text sagt. Hier geht es noch nicht darum, Anregungen für das eigene Leben zu erhalten, sondern um schlichtes Zuhören. Zu dieser Art des Lesens bieten Lexika und Register gute Hilfen. Ausgangspunkt jeder geistlichen Schriftlesung, die den Text verstehen will, ist aufmerksames Lesen.

Die Glaubenssicht (so sei sinngemäß das sonst mißverständliche „Allegorie" übersetzt) sucht Zusammenhänge zu entdecken. Der Leser fragt:
In welchem größeren Zusammenhang steht das berichtete Geschehen? Welche Ereignisse aus der Geschichte des Gottesvolkes im AT, aus der Geschichte Jesu und der Urkirche kann ich in diesem Zusammenhang anführen? An welche eigenen Erfahrungen erinnert der Text?

Die Lebensweisung (sensus moralis): nicht nur die ausdrücklichen Weisungen der Schrift sind für die Lebensgestaltung bedeutsam, sondern alle Worte der Schrift können Licht auf das Leben werfen, wenn man sie hinreichend überdenkt. Die vielfältigen Situationen und Beziehungen des Lebens lassen sich im Licht der Bibel sehen.

Richtungssinn (anagogia): unter diesem Gesichtspunkt entdeckt der Leser Hinweise auf die Vollendung der Geschichte und des eigenen Lebens (z. B. „Jerusalem": irdische Stadt und Hinweis auf das himmlische Jerusalem; ähnliches gilt zu den Wundern).

Beim Bibellesen kann man achten

auf die wörtliche Bedeutung des Textes;
auf die Zusammenhänge, in denen ein Ereignis steht;
auf die Weisung zur Gestaltung des Lebens;
auf die Hinweise, die zur Hoffnung ermutigen.

5.2.2 Zugang aus der eigenen Erfahrung

Auch das Bedenken der eigenen Erfahrung kann helfen, den biblischen Text besser zu verstehen und für die Gegenwart anzuwenden.

Die sogenannte Erlebnisanalyse eignet sich, um die eigene Haltung dem Wort Gottes gegenüber zu überprüfen: Der Leser fragt sich, wie der Text auf ihn wirkt. Aufgrund der Einstellung, der Lebensgeschichte, der Erfahrungen, Erwartungen, Ängste und der augenblicklichen Situation liest nämlich jeder den Text auf seine Weise. Eine Reflexion auf die persönliche Art, den Text zu verstehen, hilft die Hindernisse zu entdecken, die dem fruchtbringenden Aufnehmen der Botschaft entgegenstehen.

Als Zugang zur Bibel aus der eigenen Erfahrung eignen sich für viele Texte folgende Fragen: Was hat mir am Text gefallen, was hat mich geärgert? Warum? Was ist das zentrale Problem? Was bedeuten einzelne Sätze, Personen oder Dinge im Text für mich?

Ein anderer Weg ist die Identifizierung mit dem biblischen Geschehen. Geschichten können helfen, die eigenen Wünsche, Strebungen und Ängste besser zu verstehen. Methodisch geht man so vor, daß man sich gewissermaßen mit den Personen, von denen die Erzählung handelt, identifiziert: z. B. bei einem Wunderbericht sucht der Leser durch die Identifizierung mit dem Kranken herauszubringen, wo er selbst krank ist und Heilung braucht; durch die Identifizierung mit Jesus, wie er in seinem Bereich zum Guten verändernd wirken kann.

> Biblische Texte kann man auch lesen in der Überzeugung:
>
> Das Geschehen des biblischen Textes spricht von niemand anderem als von mir selbst.

5.2.3 Kirchliche Lesung der Schrift

Offenheit und Dialogbereitschaft bieten eine weitere Möglichkeit des Zugangs zur Schrift. Wer bereit ist, das eigene Verständnis der Schrift durch andere in Frage stellen zu lassen, läuft nicht Gefahr, die eigene Lösung absolut zu setzen und sich zu isolieren. Durch das Hören auf andere, etwa in der gemeinsamen Schriftlesung, werden viele Dinge bemerkt, die der einzelne übersehen könnte, und werden in stärkerem Maß Erfahrungen des täglichen Lebens eingebracht.

So bietet die Kirche als Gemeinschaft von Hörern Hilfe zu einem besseren Verständnis der Schrift.

> Gemeinsame Bibelarbeit hilft
>
> den Bibeltext genauer zu lesen;
> Erfahrungen des Alltags ins Bibellesen einzubringen.

6 Die Erzählweise der Hl. Schrift

Die Ergebnisse der historisch-kritischen Methode haben manche Christen verunsichert, denn nach den Ergebnissen der Bibelwissenschaft sind nicht alle Texte, auch wenn sie wie Tatsachenberichte aussehen, als Tatsachenberichte zu verstehen. So scheint die Wahrheit der Hl. Schrift gefährdet.

Für ein unbefangenes Lesen der Hl. Schrift ist Einsicht in ihre Erzählweise notwendig. Die Frage nach der Wahrheit der Schrift entstand vor allem, als die Naturwissenschaften zu Erkenntnissen kamen, die denen der Schrift zu widersprechen schienen.

Eine erste Klärung für die Frage „Ist die Bibel wahr?" bedeutete die Einsicht, daß die Bibel nicht in erster Linie naturwissenschaftliche Aussagen machen will. Die Bibel will nach einem Wort des hl. Augustinus nicht zeigen, wie die Himmel sich bewegen, sondern will den Weg in den Himmel zeigen. Das 2. Vatikanische Konzil hat diese Erkenntnis zusammengefaßt (Offenbarungskonstitution Nr. 11):

> Die Wahrheit der Bibel ist eine Wahrheit zu unserem Heil.

Die Bibel will nicht Informationen geben über Naturkunde, Psychologie, Astronomie, Geographie, sondern will dem Menschen das Heil anbieten, d. h. sie lädt den Menschen ein in die Gemeinschaft mit dem sich offenbarenden Gott. Wahrheit im Sinn der Bibel bedeutet auch gar nicht in erster Linie Information über Tatsachen, sondern beschreibt ein Verhalten Gottes zu den Menschen: Gott offenbart den Menschen sein Innerstes – sich selbst. Deshalb sagt die Bibel nicht nur, daß Christus die Wahrheit bringt, sondern auch, daß Christus die Wahrheit ist. Die Bibel enthält eine Wahrheit, die uns zum Heil dient. Diese Wahrheit wird in der Bibel auf eine Weise dargelegt, daß die Menschen sie verstehen können (Dei Verbum Nr. 12):

> In der Hl. Schrift hat Gott durch Menschen nach Menschenart gesprochen. Um zu erfassen, was Gott uns mitteilen wollte, muß sorgfältig erforscht werden, was die heiligen Schriftsteller wirklich zu sagen beabsichtigten und was Gott mit ihren Worten kundtun wollte.

Viele Schwierigkeiten des heutigen Lesers mit der Bibel und viele Einwände gegen den Satz „Die Bibel ist wahr" rühren davon her, daß die Bibel ihrer Entstehungszeit verhaftet ist: die Bibel ist nämlich unmittelbar für Menschen geschrieben worden, die vor drei- und zweitausend Jahren gelebt haben; und diesen Menschen sind andere Denk-, Sprech- und Erzählformen eigen als uns. Zu sprechen ist von ihrer Vorliebe für anschauliche und lehrreiche Geschichten.

Vorliebe für Erzählungen:
Uns ist die Vorliebe für Erzählungen, die uns in der Bibel begegnet, fremd. Der Orientale erzählt nicht nur, wenn es etwas zu berichten gilt – das tun wir ja auch; er erzählt auch dann eine Geschichte, wenn er seinen Gesprächspartner zu einem bestimmten Verhalten bringen will; eine Aufforderung, eine Mahnung wird er nicht direkt sagen, sondern verschlüsselt durch eine Erzählung. Und wenn sein orientalischer Gesprächspartner eine solche

Geschichte hört, achtet er gleich darauf, ob da ein tieferer Sinn vorhanden ist.

Während wir bei einer Erzählung oft fragen möchten: ist das wahr?, fragt sich der Orientale: was will er mir mit dieser Geschichte sagen? Wenn so die Geschichte vom Propheten Jonas erzählt wurde, der nicht nach Ninive gehen wollte, und der dann zur Strafe vom Fisch verschlungen wurde, haben die Zuhörer nicht gefragt: ist das eine wahre Geschichte, sondern haben verstanden: Gott ist barmherzig, denn er schickt sogar zu den verworfenen Niniviten seinen Boten; und : Gehorsam ist verlangt; wenn einer nicht gehorcht, kann das für ihn nur schlimme Folgen haben.

Anschauliche Erzählungen:
Der Orientale verwendet anschauliche Erzählungen auch dort, wo wir Definitionen verwenden würden. Wir sagen z. B. mit dem Tod Christi beginnt die neue Heilszeit und ist die Zeit des Alten Bundes und des jüdischen Tempels zu Ende. Das Neue Testament sagt es viel anschaulicher: Beim Tod Jesu riß der Vorhang im Tempel, der das Heilige vom Allerheiligsten trennte, entzwei (Mk 15, 38).

> Anstelle einer trockenen theologischen Definition verwendet der biblische Erzähler manchmal eine anschauliche Erzählung.

Lehrreiche Erzählungen:
Hier und auch an anderen Stellen der Bibel fällt uns auf, daß die biblischen Erzähler mit den Tatsachen freier umgehen, als wir erwarten würden. Diese Art, mit den Tatsachen umzugehen, sie umzuändern und zu übertreiben, zeigt, was es heißt: die Bibel ist nach Menschenart geschrieben. In der damaligen Zeit war es üblich, Erzählungen so zu formulieren, daß sie auf den Hörer stark einwirken; um diese Wirkung zu erzielen, konnte man einzelne Züge übertreiben, anderes auslassen, neues dazu erfinden. Daraus ergibt sich für das Bibellesen der Schluß:

> Was für uns wie ein Tatsachenbericht aussieht, kann in Wirklichkeit – eben aufgrund der orientalischen Vorliebe für Erzählungen – eine lehrreiche Geschichte sein, der es nicht um Vermittlung von Tatsachen geht, sondern um Belehrung, Verdeutlichung, Mahnung, Warnung.

Allerdings ist es nicht immer leicht zu unterscheiden, ob es sich bei einem biblischen Text um einen Tatsachenbericht oder um eine Lehrerzählung handelt. Dazu müßte man sehr Vieles darüber wissen, wie in der damaligen Zeit die Menschen sich ausdrückten. Die Bibelwissenschaft hat sich in den letzten Jahrzehnten ausführlich mit diesen Fragen beschäftigt. Bezüglich mehrerer biblischer Erzählungen wird allgemein angenommen, daß sie, obwohl sie auf den ersten Blick wie Tatsachenberichte aussehen, nicht Tatsachen berichten, sondern Lehrerzählungen sind, die den Menschen über sein Verhältnis zu Gott und zu den Menschen unterweisen. Dazu gehören die Berichte über die Erschaffung der Welt und des ersten Menschenpaares. Diese Texte wollen nicht sagen, wie es tatsächlich zugegangen ist, sondern zeigen, in welchem Verhältnis der Mensch als Geschöpf zu Gott und zu den Mitmenschen steht.

> Für den orientalischen Erzähler ist die Darstellung der Bedeutung eines Geschehens wichtiger als die Genauigkeit in der Erzählung der Fakten.

Biblische Erzählungen haben oft einen viel tieferen Sinn als es auf den ersten Blick scheint. Denn diese Berichte wollen nicht nüchterne Tatsachen berichten, sondern vor allem zum Glauben bewegen und eine Weisung für das Leben geben.
Die Hl. Schrift wird dann richtig gelesen, wenn jemand den tiefsten Sinn der Berichte, die Offenbarung über Christus zu ver-

stehen sucht. Deshalb sagt die Offenbarungskonstitution des 2. Vatikanums:

> Die tiefste Wahrheit leuchtet uns auf in Christus, der zugleich Mittler und Fülle der ganzen Offenbarung ist.

Was im einzelnen an historischen Fakten im NT vorliegt, wird in den Ausführungen über Jesus von Nazaret und Paulus dargelegt.

Literaturhinweise

Einleitungswerke
G. Bornkamm, Bibel. Das Neue Testament. Eine Einführung in seine Schriften im Rahmen der Geschichte des Urchristentums. Stuttgart 1971
W. G. Kümmel, Einleitung in das Neue Testament. Heidelberg, 17. Aufl. 1973 **
K. H. Schelkle, Das Neue Testament. Eine Einführung. Kevelaer, 2. Aufl. 1964
J. Schreiner–G. Dautzenberg (Hrsg.), Gestalt und Anspruch des Neuen Testaments. Würzburg 1969 *
O. Semmelroth–M. Zerwick, Vaticanum II über das Wort Gottes. Die Konstitution „Dei Verbum". Einführung und Kommentar, Text und Übersetzung. Stuttgart 1966 *
A. Vögtle, Das Neue Testament und die neuere katholische Exegese. I: Grundlegende Fragen zur Entstehung und Eigenart des NT. Freiburg, 3. Aufl. 1967
A. Wikenhauser–J. Schmid, Einleitung in das Neue Testament. Freiburg, 6. Aufl. 1973 **
C. Westermann, Abriß der Bibelkunde. Frankfurt a. M. 1964

Arbeits- und Methodenbücher
H. Conzelmann–A. Lindemann, Arbeitsbuch zum Neuen Testament. Tübingen 1971 **
H. Zimmermann, Neutestamentliche Methodenlehre. Darstellung der historisch-kritischen Methode. Stuttgart 1967 **

Anleitungen zum Bibellesen
Dogmatische Konstitution über die göttliche Offenbarung „Dei Verbum" des 2. Vatikanischen Konzils, 1965

H. Donsbach, Beim Wort genommen. Praktikum zum Bibellesen. Schloß Kraheim 1971

K. Frör, Wege zur Schriftauslegung. Biblische Hermeneutik für Unterricht und Predigt. Düsseldorf, 3. Aufl. 1968 *

J. Kremer, Die Bibel lesen – aber wie? Eine kleine Anleitung zum Verstehen der Heiligen Schrift. Stuttgart 1966

G. Lohfink, Die Bibel: Gotteswort in Menschenwort (Kleine Reihe zur Bibel), Heft 1. Stuttgart 1970

H.-G. Lubknoll – E. Wiesnet, Wie liest man die Bibel? Eine Gebrauchsanweisung für Neugierige, Anfänger und Fortgeschrittene. München 1974

Kommentarreihen:

Herders theologischer Kommentar zum Neuen Testament (kath. wiss.). Laufende Ausgaben.

Geistliche Schriftlesung. Erläuterungen zum Neuen Testament für die geistliche Lesung. Düsseldorf (je ein oder zwei Bändchen für jede Schrift; zur Vorbereitung von Gespräch und Meditation) *

Das Neue Testament Deutsch. Göttingen (Evang.). Laufende Ausgaben *

Regensburger Neues Testament. Regensburg. Laufende Ausgaben*

G. Schiwy, Wege ins Neue Testament. 4 Bände, Würzburg 1967–1970 *

Nachschlagewerke

Kleines Stuttgarter Bibel-Lexikon. Stuttgart, 4. Aufl. 1977 (informiert über Geographie, Geschichte, theologische Themen)

Bibellexikon, Hrsg. H. Haag. Zürich, 2. Aufl. 1968 (umfassendes Standardwerk)

Biblisches Wörterbuch. Herderbücherei 294. 1971 (800 Stichwörter, 4 Abb., ausgeklammert sind die theologischen Probleme)

L. H. Grollenberg, Kleiner Bildatlas zur Bibel. Aus dem Holländischen. Deutsche Ausgabe von H. Eising. Gütersloh 1958

Bibeltheologisches Wörterbuch. Hrsg. von Johannes Bauer. 2 Bände. Graz. 2. Aufl. 1962 (Ausführungen zu 200 theologisch belangreichen Wörtern)

Wörterbuch zur biblischen Botschaft. Hrsg. von X. Léon-Dufour. Aus dem Französischen. Freiburg 1967

Praktisches Bibellexikon. Unter Mitarbeit katholischer und evangelischer Theologen, hrsg. von A. Grabner-Haider. Freiburg 1969

M. Lurker, Wörterbuch biblischer Bilder und Symbole. München 1973

Konkordanzen

Eine vollständige Konkordanz (= Übereinstimmung) enthält alle Stichwörter der Hl. Schrift in alphabetischer Reihenfolge: Wer etwa das Stichwort „Gottesherrschaft" aufschlägt, findet in der Reihenfolge der Schriften des NT genaue Stellenangaben zu diesem Thema.

Praktisches Bibelhandbuch – Wortkonkordanz. 60.000 Textstellen aus dem Alten und Neuen Testament. Stuttgart, o. J.

Konstanzer Kleine Konkordanz. Unter Benutzung des revidierten Luthertextes. Bearbeitet von Julius Roessle. Konstanz 1964. Identisch mit: Bibel von A bis Z. Wortkonkordanz zum revidierten Luthertext. Stuttgart, 3. Aufl. 1973

Deutsches Wörterbuch zum Neuen Testament. Nach dem griechischen Urtext bearbeitet von Georg Richter (Registerband zum Regensburger NT). Regensburg 1962

Zürcher Bibel-Konkordanz. Vollständiges Wort-, Namen- und Zahlenverzeichnis zur Zürcher Bibelübersetzung mit Einschluß der Apokryphen. Bearbeitet von Karl Huber und Hans Heinrich Schmid. Herausgeben vom Kirchenrat des Kantons Zürich 1969

Nachtrag (1980)

K. Berger, Exegese des Neuen Testamentes. Neue Wege vom Text zur Auslegung (UTB 658; Heidelberg 1977)

A. Kemmer, Das Neue Testament. Eine Einführung für Laien (Herderbücherei 562; Freiburg 1978).

W. Kirchschläger, Schriftverständnis leichtgemacht. Zur Vermittlung biblischen Grundwissens. Einführungsband zur Reihe Gespräche zur Bibel (Klosterneuburg 1980)

J. B. Lotz, Einübung ins Meditieren am Neuen Testament (Frankfurt, 3. Aufl. 1973)

J. B. Lotz, Der siebenfache Weg. Das Herrengebet von seinem Ende her (Freiburg 1980)

Entstehung und Eigenart der Evangelien

In den vier Evangelien wird uns die Gestalt Jesu von Nazaret anschaulich und lebendig vor Augen gestellt.

Der Einblick in die Entstehungsgeschichte der Evangelien und in die Gesichtspunkte, die die einzelnen Evangelisten an der Gestalt Jesu besonders betonen, ist ein Zugang zum besseren Verständnis der Evangelien.

In der 1964 von der päpstlichen Bibelkommission erlassenen „Unterweisung über die historische Wahrheit der Evangelien" sind die heutigen Erkenntnisse über die Entstehung der Evangelien zusammengefaßt. Die wichtigsten Aussagen dieses Dokumentes werden hier angeführt und erklärt. Die Konzilskonstitution über die Göttliche Offenbarung Nr. 17–20 bietet eine Kurzfassung dieser „Unterweisung".

1 Die Entstehung der Evangelien in drei Etappen

Zwischen den Worten und Taten Jesu und ihrer Aufzeichnung in den Evangelien liegt ein weiter Weg.

	Lehre und Leben Jesu sind in drei Überlieferungsphasen auf uns gekommen		
30 n. Chr.	1	Jesus:	Worte und Taten
	2	Prediger:	Mündliche Verkündigung durch Augenzeugen und ihre Schüler
65–100 n. Chr.	3	Evangelisten:	Niederschrift der Verkündigung und Predigt
	Wichtiger Text: Lk 1, 1–4		

Worte und Taten Jesu wurden von den Augenzeugen erlebt, doch haben diese ihre Erfahrungen mit Jesus nicht sofort niedergeschrieben, sondern sie mündlich an ihre Hörer weitergegeben. Schließlich wurden die Berichte über Jesus niedergeschrieben. Dieser Vorgang der Überlieferung der Berichte wird in der Forschung als Traditions- (= Überlieferungs-)geschichte bezeichnet.

1.1 Jesus von Nazaret

„Christus, der Herr, umgab sich mit den von ihm erwählten Jüngern (vgl. Mk 3, 14; Lk 6, 13). Sie folgten ihm von Anfang an nach (vgl. Lk 1, 2; Apg 1, 21f), sahen seine Werke, hörten seine Worte und erwarben sich so die Voraussetzungen dafür, Zeugen seines Lebens und seiner Lehre zu sein (vgl. Lk 24, 48; Joh 15, 27; Apg 1, 8; 10, 39; 13, 31).“

Die Jünger Jesu sind Zeugen des Lebens Jesu und seiner Lehre. Wenn sie auch nicht selber die Evangelien geschrieben haben, konnten sie als Augenzeugen den Verlauf der Überlieferung kontrollieren und korrigieren (vgl. Martin Dibelius, Formgeschichte S. 59).
Am Anfang der Überlieferung standen die Worte und Taten Jesu. Diese Unterscheidung ist nicht nur inhaltlich wichtig, sondern auch für die Weise der Überlieferung: Die Worte Jesu wurden von den Jüngern aus dem Mund Jesu selbst aufgenommen und häufig ganz genau im Wortlaut weitergegeben. Noch in den Evangelien weisen die Worte Jesu eine große Festigkeit auf, sodaß sie auch dann, wenn sie in mehreren Schriften überliefert sind, sehr genau übereinstimmen. Die Wunderberichte (als Berichte) sind von den Jüngern verfaßt. In ihnen wird also erzählt, was den Jüngern wichtig scheint. In der Überlieferung dieser Berichte sind größere Abwandlungen als bei der Überlieferung der Worte Jesu festzustellen. In den Berichten der Taten Jesu unterscheiden sich die Evangelien stärker als in den Worten Jesu.
Gegenüber einigen Übertreibungen der formgeschichtlichen

Methode ist festzuhalten, daß die Überlieferung ihren Anfang und Hauptgrund im Wirken Jesu hat und nicht in der schöpferischen Kraft der Urgemeinde, als ob die meisten Berichte erst in der Urgemeinde entstanden seien.

Inhalt (Gegenstand) des Wirkens Jesu, sowohl in Worten als auch in Taten, war die Verkündigung, daß die Gottesherrschaft machtvoll genaht ist, und die Botschaft von Gott als Vater. Auch in seinen Taten (in der Mahlgemeinschaft mit Sündern; in den Protesthandlungen am Sabbat; Krankenheilungen) macht Jesus die Nähe der Gottesherrschaft und die Vatergüte Gottes sichtbar.

„Wenn der Herr mündlich lehrte, hielt er sich an die damals gebräuchlichen Techniken der Beweisführung und des Vortrages. Indem er sich der Mentalität seiner Hörer anpaßte, erreichte er, daß seine Lehre sich dem Geiste einprägte und die Jünger sie leicht im Gedächtnis behielten."

Hinsichtlich der Art und Weise hielt sich Jesus an die damals übliche Form der Lehre und Unterweisung: so wurden Fragen überaus deutlich formuliert; um etwas zu beweisen, bediente man sich der Schriften (AT). Zur Verdeutlichung bediente man sich der Vergleiche und Bildworte. Auch ist wahrscheinlich, daß Jesus seinen Jüngern festgefügte Worte mitgegeben hat (etwa für ihre Verkündigungstätigkeit in Galiläa). Die Existenz so vieler Überlieferungen von Worten und Taten Jesu wäre nicht erklärlich, wenn sich die Jünger später nur erinnert hätten; es ist anzunehmen, daß schon vor Ostern der Glaube und die Hochachtung vor dem Wort Jesu Grund zur Bildung einer Tradition war (H. Schürmann).

„Die Jünger haben die Wunder und andere Ereignisse im Leben Jesu richtig als Taten verstanden, die dazu vollbracht oder angeordnet waren, daß die Menschen an ihn glaubten und im Glauben die Heilsbotschaft annahmen."

Inhalt	„Genaht ist die Gottesherrschaft" „Abba – lieber Vater"

Ziel	Einladung, die Gottesherrschaft anzunehmen Ermutigung zur Liebe zu Gott und zu den Menschen

1.2 Die (mündliche) Überlieferung durch die Urkirche

„Die Apostel verkündeten vor allem den Tod und die Auferstehung des Herrn und gaben damit Zeugnis für Jesus (vgl. Lk 24, 44–48; Apg 2, 32; 3, 15; 5, 30–32)."

Während die Mitte der Verkündigung des irdischen Jesus in der Botschaft von der Nähe der Gottesherrschaft bestand, bildet die Mitte der apostolischen Predigt in der Urkirche die Botschaft von Tod und Auferstehung Jesu. Das ganze irdische Leben Jesu wurde nun von hier aus neu verstanden und im Licht dieser Osterverkündigung gedeutet. In diesem Sinn ist die Schilderung Jesu in den Evangelien aus der Sicht des österlichen Glaubens geschrieben, in einem gewissen Sinn handelt es sich also um eine Übermalung des Bildes des irdischen Jesus von der Osterbotschaft her.

„Sie legten getreu sein Leben und seine Worte dar (vgl. Apg 10, 36–41), wobei sie in der Form ihrer Predigt die Situation ihrer Zuhörer berücksichtigten (vgl. Apg 13, 16–41 mit Apg 17, 22–31). Nach der Auferstehung Jesu von den Toten und der klaren Erkenntnis seiner Gottheit (vgl. Apg 2, 36, Joh 20, 28) hat der Glaube die Erinnerung an die vergangenen Ereignisse nicht etwa ausgelöscht, sondern sie vielmehr gestärkt, da sich der Glaube auf Taten Jesu und seine Lehre stützte. Auch wurde Jesus wegen des Kultes – in

*dem die Jünger ihn von nun an als den Herrn und Sohn Gottes
verehrten – nicht in eine ‚mythische‘ Gestalt verwandelt, noch
wurde seine Lehre entstellt. Dagegen besteht kein Grund abzu-
streiten, daß die Apostel die wahren Worte und Taten des Herrn
ihren Hörern mit jenem volleren Verständnis weiterreichten, dessen sie sich, durch die Verherrlichung Christi und das Licht des
Geistes der Wahrheit (vgl. Joh 14, 26; 16, 13) belehrt, selber er-
freuten (vgl. Joh 2, 22; 12, 16; 11, 51f; vgl. 14, 26; 16, 12f; 7, 39).“*

Die Überlieferung der Worte und Taten Jesu geschah zuerst in
kurzen Einzelstücken. Diese Einzelstücke weisen vielfach eine
feste und geprägte Form auf.
Was „Form" bedeutet, kann ein Beispiel aus dem Alltag erklären:
Die Begrüßung zwischen Bekannten erfolgt immer in einer bestimmten Form (die nach Gegenden verschieden sein kann). Der
Wetterbericht im Radio hat eine immer gleichbleibende Form
(auch wenn die Inhalte – je nach dem Wetter – sich ändern). Damit ein Märchen gut erzählt ist und die Kinder wissen, daß es sich
um ein Märchen handelt, muß es beginnen: „Es war einmal . . .".
So gibt es verschiedene Formen, etwa Hochzeitsanzeigen, Todes-
anzeigen, Inserate für Werbung in einer Zeitung u. a. Alle haben
eine feste Form.
Auch die neutestamentlichen Erzählungen und Worte haben eine
bestimmte Form, z. B. Bildworte (vgl. Mt 5, 13–16); Gleichnisse:
Mit dem Himmelreich verhält es sich wie . . . (Mk 4; Mt 13);
Wundererzählungen: Einmal brachte man einen Kranken
(Mt 8–9); Sprichwörter (Mt 6, 34); Streitgespräche (vgl. Mk 2–3);
Leidensgeschichte; Auferstehungsevangelien.
Wegen dieses Interesses an der Form der Erzählungen wird die
Traditionsgeschichte manchmal auch Formgeschichte genannt.
Man spricht auch von Form- und Traditionsgeschichte.
Die Überlieferung von Jesus in der Urkirche war lebendig: Es
kam nicht so sehr auf den Wortlaut an, sondern auf das Ver-
ständnis. Deshalb wurde das durch das Ostergeschehen erlangte
Verständnis auch in die Erzählungen des irdischen Jesus eingetra-
gen, z. B. die Erkenntnis, daß dieser der Sohn Gottes ist. Im Lauf

der Zeit wurden nämlich die reichen Sinngehalte der Gestalt Jesu immer deutlicher erkannt und fanden ihren Niederschlag in der Predigt. Die Überlieferung von Jesus ist also nicht eine Reportage, sondern Überlieferung des Geschehenen und theologische Sinndeutung.

Die Urkirche verkündet und überliefert

Inhalt	Tod und Auferstehung Jesu Christi
	Worte und Taten Jesu, gedeutet im Lichte der Osterbotschaft
Ziel	Umkehr und Glaube an das Evangelium und Jesus Christus

„Wie Jesus selbst nach seiner Auferstehung ihnen die Texte des AT und seine eigenen Worte ‚deutete' (Lk 24, 27; vgl. Lk 24, 44f; Apg 1, 3), so haben sie, entsprechend den Bedürfnissen ihrer Hörer, seine Worte und Taten gedeutet. ‚Dem Dienst am Wort hingegeben' (Apg 6, 4), haben sie bei der Predigt verschiedene Redeformen benützt, wie es ihrer Absicht und dem Geist der Hörer entsprach. Denn ‚Griechen und Nichtgriechen, Gebildeten und Ungebildeten (Röm 1,14) waren sie Schuldner' (vgl. 1 Kor 9, 19–23). Diese Redeformen, mit denen sie als Herolde Christus verkündeten, sind genau auseinanderzuhalten: Katechesen, Erzählungen, Testimonien (Stellen aus dem AT als Zeugnis – Testimonien für die Messianität Jesu), Hymnen, Doxologien (Lobpreisungen), Gebete und andere literarische Formen in der Art, wie sie im AT und unter den Menschen jener Zeit verwendet wurden."

In der Verkündigung wurde Rücksicht genommen auf die Bedürfnisse der Hörer, z. B. wurde den Judenchristen besonders die Erfüllung der atl. Aussagen in Christus verkündet (Mt ist ein Zeuge dieses Bemühens), den Heidenchristen wurde die in Jesus aufleuchtende Güte und Menschenfreundlichkeit angesagt (Lk). Nun wurde auch die Würde Jesu, die vor Ostern weitgehend verhüllt bleiben mußte, deutlich ausgesprochen und verkündet. Man fühlte sich auch nicht dem Wortlaut der überlieferten Berichte sklavisch verpflichtet: man setzte neue Akzente und fügte jene Anwendungen an, die für neue Probleme nötig waren. Wenn etwa vor Heidenchristen ein Jesuswort nicht mehr recht verständlich war, hat man es frei, aber sinngemäß übertragen. Ein Beispiel: Wenn Judenchristen die Einsetzungsworte der Eucharistie hörten: „. . . Mein Blut, das für die vielen vergossen wird" (Mt 26, 28; Mk 14, 24), so war ihnen aufgrund ihrer semitischen Muttersprache verständlich, daß mit dem Wort „die vielen" alle Menschen gemeint waren. In heidenchristlichen Gemeinden wurden diese Worte in einer anderen Form weitergegeben: „das Blut wird für euch vergossen" (Lk 22, 20; vgl. 1 Kor 11, 24f).

Die Situation, in die hinein ein Text verkündet wird, wird „Sitz im Leben" genannt.

Im Beispiel aus unserer Zeit: Eine Hochzeitsanzeige hat, wie schon gesagt, eine feste Form. Die Gelegenheit, bei der eine solche Anzeige versandt wird, ist die Hochzeit. Diese, in unserer Gesellschaft oft wiederkehrende Situation, bei der man sich dieser festen Form bedient, heißt „Sitz im Leben".

Der Sitz im Leben, d. h. die Situation, das Milieu, die Bedürfnisse der Gemeinden, die auch auf die Weitergabe einwirkten, sind der Kult (die Feier der Eucharistie: 1 Kor 11, 23–26; die Taufe: Mt 28, 16–20); die Katechese (die Fastenfrage: Mk 2, 18–22); die Missionstätigkeit der Kirche.

Die Verkünder der Urkirche haben die Berichte über Jesus bei verschiedenen, öfter wiederkehrenden Situationen erzählt:

Sitz im Leben:

Missionierung der Heiden
Gespräch mit den Juden
Katechese der Glaubensschüler
Gebetsgottesdienst (Schriftlesung und Schrifterklärung)
Eucharistiefeier, Taufe

1.3 Die Niederschrift der Überlieferung durch die Evangelisten

„Diese älteste Unterweisung wurde zunächst mündlich, dann auch schriftlich weitergegeben; denn schon bald haben viele versucht, einen ‚Bericht über die Begebenheiten abzufassen' (vgl. Lk 1, 1), die den Herrn Jesus betrafen."

Aus der Einleitung des Lukas-Evangeliums ist ersichtlich, daß es vor den uns bekannten vier Evangelien schon andere Versuche gegeben hat, die Berichte über Jesus aufzuschreiben. Tatsächlich läßt sich aus den Evangelien selbst erkennen, welches die schriftliche Vorgeschichte der Evangelien ist.

1.3.1 Die Redaktionsarbeit der Evangelisten

Die Evangelisten haben aus dem ihnen zur Verfügung stehenden Material an Worten Jesu und Erzählungen über Jesus durch Redaktionsarbeit die Evangelien zusammengestellt.

Arbeitsweise der Evangelisten

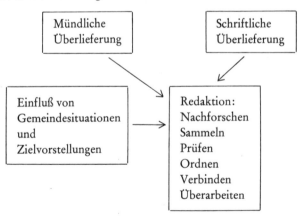

„Die heiligen Schriftsteller haben diese Unterweisung schließlich zum Nutzen der Kirchen in den vier Evangelien aufgezeichnet.

Ihre schriftstellerische Arbeit entsprach dabei der jeweiligen Zielsetzung. Wenn sie manches aus der Fülle des Überlieferungsstoffes auswählten, anderes zusammenfaßten, wieder anderes im Blick auf die Lage der Kirchen interpretierten, so ging es ihnen nur um eines: ihre Leser sollten die Zuverlässigkeit der Worte, in denen sie unterrichtet worden waren, erkennen (vgl. Lk 1, 4) und zum Glauben kommen (Joh 20, 31). Die heiligen Schriftsteller wählten aus dem ihnen überkommenen Überlieferungsstoff vor allem die Stücke aus, die den verschiedenen Situationen ihrer Gläubigen und der eigenen Zielsetzung entsprachen. Sie erzählten das Ausgewählte auf eine Weise, die den Situationen und ihrer Zielsetzung entsprach. Da der Sinn einer Aussage auch von der Reihenfolge der Dinge abhängt, haben die Evangelisten Worte und Taten des Erlösers in verschiedene Zusammenhänge gestellt und für ihre Leser erläutert.

Die Wahrheit der Erzählung wird durchaus nicht angetastet, wenn die Evangelisten die Worte und Taten des Herrn in verschiedener Anordnung berichten (vgl. Joh. Chrysostomus, PG 57, 16f) und seine Aussprüche nicht buchstabengetreu, jedoch sinngemäß, in verschiedener Weise zum Ausdruck brachten."

Die schriftliche Abfassung der Evangelien wird Redaktion der Evangelien genannt, weil der Evangelist in der Art eines Redaktors vorgeht, der sammelt, zusammenstellt, abändert.

Ergebnis der Arbeit der Evangelisten:

Vier Evangelien
Mt Mk Lk Joh

Inhalt

> Worte und Taten Jesu, Leidensgeschichte und Berichte von der Auferstehung, in einer Erzählfolge geordnet, die vom Beginn des öffentlichen Wirkens (bei Mt und Lk: von der Kindheit) Jesu bis zur Auferstehung und der Sendung der Jünger reicht.

Ziel	Von der Zuverlässigkeit der Lehre über- zeugen, zum Glauben führen.

Wichtiger Text: Lk 1, 1–4
Joh 20, 30 f

„Aus den Ergebnissen der neueren Forschung geht hervor, daß Lehre und Leben Jesu nicht nur weitererzählt wurden, um im Gedächtnis behalten zu bleiben, sondern daß sie so ‚verkündet' wurden, um der Kirche als Fundament des Glaubens und der Sitte zu dienen."

Zusammenfassung der drei Etappen

Etappe	Inhalt		Ziel
Anfang Jesus		Wort und Tat: Genaht ist die Gottesherrschaft Abba – Vater	Einladung in die Gottesherrschaft Ermutigung zur Liebe
mündliche Überlieferung Prediger	Tod und Auferste- hung Jesu	im Licht der Oster- erfahrung (in Einzelperikopen)	Umkehr und Glaube an die Person Jesu und seine Botschaft
Evangelien Evangelisten		(in größerem Erzähl- zusammenhang)	Glauben und Überzeugen von der Zuver- lässigkeit der Botschaft

Im Inhalt stimmen die drei Etappen überein, indem Worte und Taten Jesu weitergegeben werden; sie unterschieden sich, indem die mündliche Überlieferung über die Worte und Taten Jesu hinaus noch auf Tod und Auferstehung Jesu zurückblicken kann (was Jesus nicht konnte) und Tod und Auferstehung als Heilsereignis verkündete; die Evangelien unterscheiden sich von der mündlichen Überlieferung, indem nun die Reihenfolge der (vorher einzeln erzählten) Erzählungen schriftlich fixiert und damit unveränderlich wird.

Das Ziel bleibt dasselbe (trotz verschiedener Formulierung), wobei die mündliche Überlieferung und die Evangelien den Glauben an die Person Jesu Christi in den Mittelpunkt rücken.

1.3.2 Die synoptischen Evangelien

Wer die ersten drei Evangelien nach Mattäus, Markus, Lukas nebeneinander liest, wird merken, daß zwischen diesen dreien auffallende Ähnlichkeit, aber doch auch wieder Verschiedenheiten bestehen. Um diesen Vergleich zu erleichtern, ist der Text dieser drei Evangelisten in manchen Ausgaben in drei Spalten nebeneinander gedruckt. Eine solche Synopse (griechisch: Zusammenschau) dient zwar auch, um Abhängigkeitsverhältnisse der Evangelien zu erkennen, doch hilft sie auch die theologischen Auffassungen der einzelnen Evangelien zu erfassen.

Zur Arbeit mit einer Synopse:
Zunächst sind die Übereinstimmungen und die Unterschiede zwischen den Evangelien genau festzustellen. Dem dient die Benützung von Farbstiften, etwa:

Gemeinsamkeiten bei:	Mt	Mk	Lk	– blau
	Mt		Lk	– rot
	Mt	Mk		– gelb
		Mk	Lk	– grün

Nach der Feststellung des Befundes wird gefragt: In welchen Aussagen geht Mt über Mk, Mk über Mt usw. hinaus? Was will er dadurch besonders betonen? Zum Schluß kann man dann sagen: Mt will durch seine Fassung der Geschichte sagen . . .; Mk . . ., usw.

Als Arbeitsmittel stehen zur Verfügung:

F. J. Schierse, Patmos-Synopse. Übersetzung der wichtigsten synoptischen Teile mit Parallelen aus dem Johannesevangelium, den apokryphen Evangelien und der frühchristlichen Literatur. Düsseldorf 1968 (mit Hinweisen zur Arbeit an der Synopse).

Josef Schmid, Synopse der drei ersten Evangelien mit Beifügung der Johannes-Parallelen. (Ergänzungsband zum Regensburger Neuen Testament) Regensburg 1971.

R. Pesch, Synoptisches Arbeitsbuch zu den Evangelien (Zürich 1980)

Arbeitsblatt
Synoptische Übersicht (Schierse-Patmos-Synopse)
9. Erster Sammelbericht

Mt 8, 16–17 (4, 23)	Mk 1, 32–34	Lk 4, 40–41
16 Als aber Abend geworden war, herbei brachten sie ihm	32 Als aber Abend geworden war, da die Sonne unterging, brachten sie zu ihm alle, die übel daran waren, und die Besessenen.	40 Als aber die Sonne unterging, führten alle, die Kranke mit mancherlei Leiden hatten, sie zu ihm.
viele Besessene.		
	33 Und war die gesamte Stadt versammelt an der Tür.	
	34 Und er heilte viele, die übel daran waren mit mancherlei Leiden, und	Er aber, einem jeden von ihnen die Hände auflegend, heilte sie.
Und er trieb aus die Geister mit einem Wort, und alle, die übel daran waren, heilte er;	viele Dämonen trieb er aus	41 Es fuhren aber auch Dämonen von vielen aus, die schrien und sagten: Du bist der Sohn Gottes! Und er drohte und hinder-
	und ließ nicht reden die Dämonen,	

weil sie von ihm wußten.

te sie zu reden, weil sie wußten, daß er der Messias sei.

17 damit erfüllt werde, was gesprochen wurde durch Isaias den Propheten der da sagt: Er hat unsere Krankheiten weggenommen, und die Leiden hat er fortgetragen.*

*Jes 53, 4.

126. Das Vaterunser
Mt 6, 9–15

Lk 11, 1–4

1 Und es geschah, als er war an einem Ort (und) betete, wie er aufhörte, sprach einer seiner Jünger zu ihm: Herr, lehre uns beten, so wie auch Johannes gelehrt hat seine Jünger. 2 Er sprach aber (zu) ihnen: Wann immer ihr betet, sagt:
Vater,

9 So nun betet ihr:
Vater unser, der in den Himmeln,
geheiligt soll sein dein Name!
10 Kommen soll deine Königsherrschaft!
Geschehen soll dein Wille, wie im Himmel auch auf Erden.
11 Unser Brot, das für morgen, gib uns heute.

geheiligt soll sein dein Name!
Kommen soll deine Königsherrschaft!

3 Unser Brot, das für morgen, gib uns täglich.

12 Und erlaß uns unsere Schulden,
wie auch wir erlassen haben unseren Schuldnern.
13 Und sollst nicht hineinbringen uns in Versuchung, sondern bewahre uns vor dem Bösen.
14 Denn wenn ihr erlaßt den Menschen ihre Verfehlungen, erlassen wird auch euch euer Vater, der himmlische.
15 Wenn ihr aber nicht erlaßt den Menschen, wird auch nicht euer Vater erlassen eure Verfehlungen.

4 Und erlaß uns unsere Sünden,
denn auch wir selber erlassen jedem, der uns schuldet. Und sollst nicht hineinbringen uns in Versuchung.

Ein Überblick über die synoptischen Evangelien zeigt folgenden Sachverhalt: Alle drei synoptischen Evangelien haben im wesentlichen denselben Aufbau; es herrscht große Übereinstimmung im Stoff. Die Verwandtschaft geht bis in die Einzelheiten des Stils und der Sprache. Daneben lassen sich bedeutende Unterschiede feststellen (Kindheitsgeschichten bei Mt und Lk; Auferstehungsberichte sind nicht einheitlich; bei Markus fehlen die großen Redestücke; der Redestoff ist bei Mattäus in großen Reden gesammelt).

Schon lange sucht man eine Erklärung für die Tatsache, warum die synoptischen Evangelien in vielen Belangen übereinstimmen, in anderen jedoch nicht. Man spricht deshalb von der „Synoptischen Frage". Folgender Lösungsversuch hat breite Zustimmung gefunden.

Als erster hat Markus ein „Evangelium" zusammengestellt. Daneben gab es noch eine Sammlung von Worten Jesu (Logienquelle). Mattäus und Lukas haben dann diese beiden Schriften (Markus und die Logienquelle) verwendet und sie durch eigenes

Gut erweitert. Diese sog. „Zweiquellen-Theorie" erklärt also die Entstehung der Evangelien auf folgende Weise:

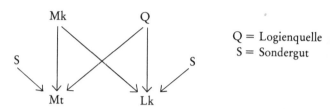

Q = Logienquelle
S = Sondergut

Einige katholische Forscher nehmen an, diese sog. Logienquelle sei identisch mit dem aramäischen Mattäus-Evangelium, von dem Papias zu sprechen scheint. (Allerdings sagt das Zeugnis des Papias, wenigstens in der Übersetzung von Kürzinger, nichts von einem solchen aramäischen Mattäus).

In der Logienquelle wird besonders die Predigt Jesu vom Kommen der Gottesherrschaft überliefert und findet der Glaube an Jesus als den bald wiederkehrenden Menschensohn seinen Ausdruck. Ein Bericht über Tod und Auferstehung Jesu fehlt in dieser Quelle. Entstanden ist diese Sammlung in den ersten Jahrzehnten nach Jesu Tod. Darüber hinaus hat auch Markus wahrscheinlich schon kleinere Sammlungen (etwa von Streitgesprächen, Gleichnissen) vorgefunden und in sein Werk eingebaut.

1.3.3   Die Evangelien als besonderes Buch

Die Evangelien stellen sich selbst mit folgender Bezeichnung vor:

Mk: Anfang des Evangeliums Jesu Christi, des Sohnes Gottes (1, 1)
Mt: Buch der Abstammung Jesu . . . (1, 1)
Lk: . . . Erzählung, Bericht (1, 1)
Joh: . . . dieses Buch (20, 30)

Die Bezeichnung Evangelium ist aus dem Anfang des Mk-Evangeliums übergegangen auf die anderen „Evangelien".

Der Ausdruck „Evangelium nach . . ." stammt nicht von den Verfassern, geht aber ins 2. Jh. zurück. „Eu-angelion" ist im Griechischen der Lohn für den Überbringer der Siegesbotschaft, die gute Botschaft selbst. Im Kaiserkult war der Orakelspruch von der Geburt des Kaisers, von seiner Thronerhebung und Ausrufung ein „Eu-angelion".

Im NT wird das Wort im Sinn von Jes 52,7–10 für die Verkündigung des endzeitlichen, von Gott gewährten Heiles verwendet (besonders von Paulus). Im 2. Jh. erhält es auch die Bedeutung: schriftliche Wiedergabe der Verkündigung Jesu und seiner Apostel.

Wichtige Texte: 1 Thess 1,5
Röm 1, 16 f

Die Evangelien sind nicht Lebensbeschreibungen (Biographien) Jesu; sie schildern nicht den genauen Ablauf des Lebens Jesu, das Werden seiner Persönlichkeit, seinen Charakter und sein Aussehen. Sie lassen Dinge vermissen, die von einer Biographie erwartet werden. Darum ist es unmöglich, mit Hilfe der Evangelien eine lückenlose, befriedigende Lebensbeschreibung Jesu zu geben, wenngleich immer wieder dahingehende Versuche gemacht werden.

Die Evangelien sind nicht unmittelbar nach den Ereignissen aufgeschrieben (obwohl die Augenzeugen natürlich die Weitergabe der Erzählungen verfolgt haben), noch weniger hatten die ersten Hörer die Absicht, eine Reportage (Zeit- und Ortsangaben, Gefühle, Absichten, Bilder) zu schreiben. Die Erzählungen der Evangelien sind aber auch nicht erfundene Geschichten. Auch wenn zur Zeit Jesu die Erzähler mit Details freier umgingen, als es heute üblich ist, und große Lust am Erzählen hatten, berichten die Evangelisten im wesentlichen, was sich mit Jesus von Nazaret ereignet hat: Erfahrungen und Begegnungen mit Jesus. Dies wird von glaubenden Menschen weitererzählt und schließlich niedergeschrieben.

Grundanliegen der Evangelien ist die Glaubensaussage über Jesus, Verkündigung des von Jesus gebrachten Heiles, Werbung für den Glauben an Jesus und Wegweisung zum ewigen Leben.

Literaturhinweise

J. A. Fitzmyer, Die Wahrheit der Evangelien. Die „Instructio de historica Evangeliorum veritate". Einführung, Kommentar, Text, Übersetzung und Bibliographie. Stuttgart 1965*

X. Léon-Dufour, Die Evangelien und der historische Jesus. Aschaffenburg 1966 *

G. Lohfink, Jetzt verstehe ich die Bibel. Ein Sachbuch zur Formkritik mit Zeichnungen von S. Köder. Stuttgart 1973*

R. Pesch–R. Kratz, So liest man synoptisch. Anleitung und Kommentar zum Studium der synoptischen Evangelien. Frankfurt a. M. 1975; mehrere Teilbändchen **

P. Seethaler, Die vier Evangelien. Eine praktische Lesehilfe. Freiburg 1970 *

2   Vierfache Frohe Botschaft
    (Die theologische Aussage der Evangelien)

Obwohl die Evangelisten vielfach dasselbe über Jesus erzählen, setzt jeder – aufgrund der Gemeindesituation und seiner Zielvorstellung – in seiner Darstellung einen besonderen Akzent.

Mk: zeichnet Jesus als den Sohn Gottes, der machtvolle Taten wirkt und sein Wesen in Tod und Auferstehung offenbart;

Mt: betont immer wieder, daß Jesus der verheißene Messias ist, den das Volk der Juden erwartet;

Lk: schreibt das Evangelium der Güte und Menschenfreundlichkeit Jesu;

Joh: zeigt Jesus als den Sohn und den Offenbarer des wahren Gottes.

Jedes Evangelium ist als ein Mosaikbild aufzufassen: der Evangelist stellt in der Redaktion Einzelperikopen nebeneinander. Erst wenn alle Mosaiksteinchen gelegt sind, wird das Gesamtbild ersichtlich.

Bei genauem synoptischen Vergleich zeigt sich, daß sogar die einzelnen Perikopen von der Eigenart des jeweiligen Evangelisten geprägt sind.

Die liturgische Leseordnung setzt sich zum Ziel, den Hörer der Sonntagsevangelien mit jener Eigenart Jesu vertraut werden zu lassen, die die einzelnen Evangelisten hervorheben. Deshalb werden die Evangelien in einem Drei-Jahre-Zyklus vorgelesen: an den Sonntagen im Lesejahr A Mt; im Lesejahr B Mk, im Lesejahr C Lk. Johannes, der sich in mehrfacher Hinsicht von den anderen Evangelien abhebt, kommt in jedem Jahr zwischendurch an mehreren Sonntagen zu Wort.

2.1 Das Geheimnis Jesu, des Sohnes Gottes (Zur Theologie des Markusevangeliums)

Glauben ist nicht etwas Selbstverständliches. Es braucht viele Schritte, bis ein Mensch das Geheimnis Jesu Christi, seinen Tod und seine Auferstehung versteht, und noch mehr, bis sich einer zur tatsächlichen Nachfolge Jesu entscheiden kann.

Markus hat als Redaktor, der zugleich Theologe ist und die Schwierigkeit des Glaubens kennt, das ihm zur Verfügung stehende Material so angeordnet, daß die allmähliche Enthüllung des Geheimnisses Jesu und der Weg der Jünger zum Glauben und zum vollen Verständnis deutlich hervortritt.

Das Markusevangelium erhält seine Eigenart durch eine Reihe von seltsamen Schweigegeboten:

an die Dämonen: 1, 25; 1, 34 (vgl. Mtpar);
an die Jünger: 8, 30; 9, 9; 9, 30 (vgl. Mtpar);
an die Zeugen des Wunders: 1, 44; 5, 43 (vgl. Mtpar); 7, 36.

Dazu gibt es noch Berichte von der Übertretung des Schweigegebotes (1, 44f), von Auseinandersetzungen mit Dämonen (1, 24f) und vom Jüngerunverständnis (8, 14–21).

Die Erklärung dieser seltsamen Schweigegebote und Aussagen über die Verständnislosigkeit der Jünger ist nicht einheitlich, doch gelten diese Aussagen als Ausdruck einer bestimmten theologischen Auffassung des Mk; Mk bietet seine Theologie nicht in Lehrsätzen, sondern in Erzählungen.

Nachdem Mk nicht deutlich sagt, warum Jesus dieses Schweigegebot gibt und warum die Jünger unverständig sind, lesen wir das Evangelium zunächst unter dem Gesichtspunkt der folgenden Frage: Wann darf Jesu Wesen geoffenbart werden?

Eine erste Antwort läßt sich aus dem (im Sinne der urkirchlichen Glaubensaussage formulierten) Bekenntnis des Hauptmannes beim Tode Jesu erheben. In diesem Augenblick kann ungehindert verkündet werden: Dieser Mensch war Gottes Sohn (Mk 15, 39). Erst im Augenblick des Todes darf also das wahre Wesen verkündet werden. Nun erst beginnt die Periode, in der das Wesen Jesu öffentlich verkündet wird, und zwar in der Form: Jesus ist der leidende Gottessohn. In der Aussage von Jesus als dem leidenden Gottessohn sind beide Worte wichtig. Daß von Christus beides gilt, will Mk mit seinem Evangelium schildern: im ersten Teil (Mk 1, 1–8, 26) zeigt Mk (besonders anhand des Brotwunders, vgl. 6, 52 und 8, 14. 21), wie die Apostel zur Überzeugung kommen, daß Jesus der Christus ist. Er beschreibt, wie die messianische Offenbarung und die Verstockung der Gegner fortschreitet. Doch das Verständnis, daß Jesus der Christus ist, genügt noch nicht: solange die Apostel Jesus nur als Messias erkennen (das Petrusbekenntnis Mk 8, 27–29 als Höhepunkt des ersten Teiles), haben sie noch nicht das volle Verständnis; deswegen wird ihnen das Schweigegebot auferlegt (Mk 8, 30). Sie müssen auch, und dies ist der Inhalt des zweiten Teiles des Evangeliums (8, 27–16, 8), den „Weg nach Jerusalem", den ganzen Heilsplan Gottes, der für Jesus Tod und Auferstehung vorsieht, verstehen. In diesem Zusammenhang mit dem Leiden Jesu heißt es nun, Jesus habe dieses Wort „offen heraus" gesprochen (Mk 8, 32). Hier spricht Jesus in Offenheit, die nichts verschweigt und verhüllt; aber er gibt nur jenen, die ihm auf dem Kreuzweg folgen, die Möglichkeit, sein Wesen zu verstehen. Dieses offene Wort gilt nur für die Jünger: „Sie wanderten durch

Galiläa. Er wollte aber nicht, daß einer es wisse, denn er unterwies seine Jünger" (Mk 9, 30) über das Los des Menschensohnes. Doch die Jünger sind unverständig. Erst beim Tode Jesu hört die Verborgenheit auf mit dem Bekenntnis des Hauptmannes (Mk 15, 39): nun ist keine Gefahr mehr, daß die Gestalt Jesu mißverstanden wird, denn durch das Leiden ist deutlich geworden, daß er nach dem Plane Gottes ein leidender Messias ist. So zeigen das Motiv des Unverständnisses der Jünger und das Wort des Hauptmanns, daß nach Mk das Geheimnis Jesu allmählich enthüllt wird. Das Ziel des ganzen Geschehens ist die weltweite Anerkennung Jesu als des Sohnes Gottes. Mk vertritt also mit der Geheimnistheorie die Anschauung, daß die Offenbarung sich allmählich vollzieht.

Eine direkte Antwort auf die Frage, wann Jesu Wesen offen verkündet werden darf, findet sich im Schweigegebot Jesu an die drei Jünger bei der Verklärung: die Jünger dürfen niemandem sagen, was sie auf dem Berge gesehen haben, bis der Menschensohn von den Toten auferstanden ist (Mk 9, 9). Hier ist ein genauer Termin für die Enthüllung des Geheimnisses nach der Auferstehung. In der Auferstehung bricht die Herrlichkeit des Sohnes Gottes ungehindert durch und wird dann von den Jüngern verkündet.

Die an das Petrusbekenntnis (Mk 8, 27–30) sich anschließenden Perikopen über die erste Ankündigung von Leiden und Auferstehung, Nachfolgeworte und Verklärung haben eine zentrale Bedeutung für das richtige Verständnis des Geheimnisses, denn in ihnen wird durch Komposition und redaktionelle Anfügungen das Geheimnis Jesu als Geheimnis des Leidens („offene Rede" über das Leiden, Mk 8, 32) und ausdrücklich (Mk 9, 9) auch als Geheimnis der Auferstehungsherrlichkeit gezeigt. Durch die Geheimnistheorie bietet Mk also seine Auffassung von der Geschichte der Offenbarung: die ganze Geschichte Jesu ist eine fortschreitende Enthüllung des wahren Wesens Jesu. Diese allmähliche Offenbarung, die als die innere Handlung des Evangeliums zu gelten hat, vollzieht sich in Stufen:

– Eine erste, allerdings noch ungenügende Erkenntnis der Jünger ist erreicht im Bekenntnis des Petrus (Mk 8, 27–29).
– Nachdem die Jünger zu dieser Erkenntnis gekommen sind, daß

Jesus der Messias ist, führt Jesus sie in „offener Rede" in das Geheimnis des leidenden Menschensohnes ein (8, 27–10, 52).

— Im Tod und in der Auferstehung bricht die Offenbarung des wahren Wesens Jesu ungehindert durch und wird vor aller Welt verkündet. Den Spannungsbogen dieser Offenbarung drückt schon Mk 1, 1 aus, wo auf die Höhepunkte von Mk 8, 29 und 15, 39 verwiesen wird: Anfang des Evangeliums von Jesus Christus (8, 29), dem Sohne Gottes (15, 39).

Die Geheimnistheorie drückt somit nach Mk aus, daß Jesus jener ist, der gelitten hat und auferstanden ist. Inhaltlich deckt sich die Aussage vom Geheimnis Jesu also mit dem Inhalt des Evangeliums (im Sinne der Urkirche und des Paulus): Botschaft von Tod und Auferstehung Jesu. Die „Geheimnistheorie" ist also die markinische Form der Botschaft von Tod und Auferstehung, wobei Tod und Auferstehung als Vollendung und Höhepunkt des Geschehensablaufes der allmählichen Offenbarung des Wesens Jesu dargestellt sind.

Wichtige Texte:

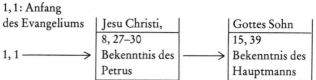

Literaturhinweise

W. Egger, Frohbotschaft und Lehre. Die Sammelberichte des Wirkens Jesu im Markusevangelium. Frankfurt a. M. 1976 **
K. Kertelge, Die Wunder Jesu im Markusevangelium. München 1970 **
K. G. Reploh, Markus – Lehrer der Gemeinde. Stuttgart 1969 **

2.2 Der verheißene Retter und sein Volk
(Zur Theologie des Matthäusevangeliums)

2.2.1 Entstehung des Mt-Evangeliums

In der Zeit zwischen dem Tod Jesu und der Abfassung des Mt-

Evangeliums (etwa um das Jahr 80 n. Chr.) waren Ereignisse eingetreten, die das Leben der von Jesus eingeleiteten Bewegung tief beeinflußten:

— Der Tempel von Jerusalem war im Jahr 70 von den Römern zerstört worden. Damit war das Zentrum des jüdischen Volkes vernichtet. Die Juden, die die Katastrophe überlebt hatten, sammelten sich nachher wieder und versuchten einen neuen Beginn. Die enge Verbindung, in der Jesus und die erste christliche Gemeinde von Jerusalem zum Judentum standen, schwindet. Die Kirche gewinnt ihre eigene Gestalt. Sie weiß sich als das wahre Israel, das Volk, mit dem Gott seinen Bund geschlossen hat.

— Das Christentum hatte den Weg zu den Heiden genommen. Obwohl Mt noch Jesusworte kennt, die davon wissen, daß Jesus sein irdisches Wirken auf das Volk Israel beschränkt hat (z. B. Mt 10, 5f und 15, 24), hat die Kirche nun jeden Partikularismus hinter sich gelassen (Mt 28, 16–20).

— Eine Generation von Christen hat das Geheimnis Jesu im Lichte des Alten Testamentes durchdacht. Jesus Christus wurde als der Höhepunkt und die geheime Mitte der ganzen Heilsgeschichte erkannt.

— Dem Verfasser dieses Evangeliums standen andere schriftliche Quellen zur Verfügung: das Mk-Evangelium (geschrieben um 65 n. Chr.) und eine Sammlung von Jesusworten.

In dieser gewandelten Situation schreibt Mattäus sein Werk. Er bietet den Gemeinden die Überlieferungen von Jesus dar: als Erinnerung an Jesus, als Hilfe zur Bewältigung der neuen Situation und als neuen Zugang zum Verständnis des Alten Testamentes. Mit den Überlieferungen geht Mattäus sehr behutsam um. Er nimmt auch Traditionen auf, die für seine Situation nicht mehr so wichtig sind (vgl. Mt 10, 5f und 15, 24). Das Mt-Evangelium ist Zeugnis für einen geschichtlichen Prozeß, in dem die judenchristliche Überlieferung das abstreift, was partikularistisch und an das Gesetz gebunden ist (Trilling). Immer deutlicher wird erkannt, daß die Botschaft Jesu für alle Menschen bestimmt ist und die Kirche eine Kirche aller Völker ist.

Was die Abfassung seines Werkes betrifft, hält sich Mattäus in der Anordnung des Stoffes an die Vorlage des Mk und bietet die Geschichte des Wirkens Jesu von Galiläa bis Jerusalem. In diese Vorlage baut er den Stoff aus der Sammlung der Herrenworte und andere Überlieferungsstoffe, die ihm zur Verfügung standen, ein. Die Worte Jesu stellt er mit Vorliebe in längeren Reden zusammen. Diese Reden, jeweils unter einem bestimmten Thema zusammengestellt, gliedern das Werk und geben ihm ein besonderes Gepräge:

Mt 5, 1–7, 29:	„Ich aber sage euch . . .“ – Die neue Gerechtigkeit des Himmelreiches
Mt 9, 35–10, 42:	„Ich sende euch . . .“ – Die Aussendung der Jünger
Mt 13, 1–58:	„Mit dem Himmelreich ist es wie . . .“ – Die Gleichnisrede
Mt 18, 1–35:	„Der Größte im Himmelreich . . .“ – Die Rede über die Kirche
Mt 24, 1–25, 46:	„Seid wachsam“ – Die Rede über die Endzeit

2.2.2 Theologische Akzente des Mt-Evangeliums

In der Darlegung von Wort und Wirken Jesu setzt Mt einige Akzente, durch die sich sein Werk von den anderen Evangelien unterscheidet.

Jesus ist der verheißene Messias

Die Gemeinde des Mt benützt das AT als Schlüssel, um das Geheimnis Jesu zu verstehen. Die Gemeinde erinnert sich an die Geschichte Gottes mit seinem Volk: den Bund mit Abraham, die Befreiung aus Ägypten, die Verheißung einer ewigen Königsherrschaft an David, und erkennt, daß Jesus alle Erwartungen des Volkes erfüllt: er ist der erhoffte Retter (Mt 1, 1). Dieser Retter seines Volkes ist zugleich der Retter aller Völker, und seine Kirche, die für immer Bestand hat (Mt 16, 18), ist eine Kirche aller Völker. Den Lesern, für die Mattäus sein Werk schreibt, ist das AT vertraut. Sie sind interessiert zu wissen, wie die Geschichte Gottes mit seinem Volk weitergeht. So zeigt Mattäus, indem er viele Stellen aus dem AT wörtlich anführt, daß diese Geschichte in Jesus ihre Vollendung findet.

Wichtige Texte: Mt 5, 17–20
7, 12
22, 40

Die Kirche ist das wahre Israel

Das Mt-Evangelium wird das kirchliche Evangelium genannt, nicht nur, weil es von altersher besonders hochgeachtet war, sondern auch, weil Mt in seinem Werk das Bild der Kirche deutlich hervortreten läßt. „Jesus von Nazaret ist der wahre Messias Israels; die zu ihm Gehörenden und an ihn Glaubenden bilden das neue Volk Gottes" (Trilling). In der „Hausordnung der Kirche" (Mt 18) zeigt Mt das innerste Wesen der Kirche: der barmherzige Vater ist Ziel und Maß des Verhaltens unter Christen, die sich, weil Gott Vater ist, Brüder nennen dürfen. Jesus ist das Band der Einheit und das Fundament der Gemeinschaft. Von der Kirche gilt, daß ihr der Bund Gottes geschenkt ist. Hatte Gott im AT seinem Volk seine schützende Gegenwart mit den Worten verheißen: „Ich bin mit dir", so ist dieses schützende „Gott-mit-uns" nun durch Jesus der Kirche geschenkt (1, 23; 18, 20; 28, 20). Die Verpflichtungen, die aus diesem Bund erwachsen, werden von Jesus als dem neuen Moses „auf dem Berg" (vgl. Mt 5, 1; 28, 16) gegeben.

Wichtige Texte: Mt 18
28, 16–20

Den Jüngern ist eine neue Lebensform geboten

Besonderen Nachdruck legt Mt auf die neuen Verhaltensweisen, die den Jünger auszeichnen. Die Bergpredigt (Mt 5–7) ist eine Sammlung von Weisungen Jesu, die die neue von Jesus gebotene Lebensform besonders eindringlich darlegen. Die Inhalte, die Jesus verkündet, und die Autorität, mit der er spricht, machen Jesus zum einzigen Lehrer, den die Jünger anerkennen sollen (Mt 23, 10). Gegenüber einem Gesetzesverständnis, dem es vor allem auf die Buchstabentreue ankommt (so vertreten von den Gegnern Jesu, den Pharisäern und Schriftgelehrten) bringt Jesus die „Erfüllung" des Gesetzes: Der eigentliche Sinn des Gesetzes, nämlich die Gottesliebe und die „goldene Regel" der Nächstenliebe treten klar zutage (Mt 7, 12; 22, 40). Jeder einzelne steht in seinem Verhalten unmittelbar vor Gott, sodaß die Weisung Jesu an den ganzen Menschen, mit seinem äußeren Verhalten und seiner inneren Haltung, ergeht.

Wichtiger Text: Mt 5–7

Literaturhinweise

G. Bornkamm–G. Barth–H. J. Held, Überlieferung und Auslegung im Mattäusevangelium. Neukirchen, 5. Aufl. 1968 **
W. Trilling, Das wahre Israel. Studien zur Theologie des Mt-Evangeliums. München, 3. Aufl. 1964 **
E. Schweizer, Mattäus und seine Gemeinde. Stuttgart 1974 *

2.3   Die Güte und Menschenfreundlichkeit Jesu
      (Zur Theologie des Lukasevangeliums)

Lukas hebt in seinem Evangelium einige Gesichtspunkte besonders hervor:

— Güte und Menschenfreundlichkeit ist der kennzeichnende Zug des Wirkens Jesu;
— die Geschichte Gottes mit den Menschen ist eine Geschichte des Heiles: in Jesus kommen die Verheißungen, die Gott dem

Volk Israel gegeben hatte, zur Vollendung; die Zeit des Heiles ist angebrochen;

– die Frohe Botschaft, die mit Jesus beginnt, nimmt in der Kraft des Heiligen Geistes ihren Weg in die Welt.

> Wichtige Texte: Lk 4, 14–21
> Apg 10, 36–38

Diese zentralen Gedanken des Lk sind zusammengefaßt in einem Bild, das in diesem Evangelium einen besonders wichtigen Platz einnimmt: im Bild des Mahles (Lk 14–15).

In diesem Bild gibt Jesus eine Zusammenfassung: Das Mahl ist eine Darstellung der Heilszeit. Wer daran teilnehmen darf, ist seligzupreisen (Lk 14, 15). Wer jedoch die Einladung ablehnt, wird ausgeschlossen (Lk 14, 24). Eines der schönsten Gleichnisse, das vom gütigen Vater und dem verlorenen Sohn (Lk 15, 11–32), schildert das Mahl als Aufhebung der Heimatlosigkeit und Not. Jesus sah seine Sendung nicht darin, vom Mahl nur zu sprechen und es für die Zukunft zu verheißen; zum Auffälligsten seiner Wirksamkeit gehört seine Mahlgemeinschaft mit den Menschen. Besonders Lk berichtet davon: Jesus ißt im Haus eines Pharisäers (Lk 7, 36; 14, 1), im Haus eines Zöllners (Lk 19, 6–10). Die Mahlgemeinschaft mit Sündern und Zöllnern wurde Jesus allerdings auch zum Vorwurf gemacht. Pharisäer und Schriftgelehrte empörten sich, und Jesus wurde „der Fresser und Säufer, der Freund der Zöllner und Sünder" genannt (Lk 7, 34 par; 15, 2). Daß Jesus allen Menschen, auch den Sündern, die Mahlgemeinschaft – Zeichen der Verbundenheit und Freundschaft – anbot, ist Ausdruck des völlig neuen Gottesbildes, das er brachte. Die Kirche führt dies fort: in der Eucharistie wird die Mahlgemeinschaft des irdischen Jesus, die Begegnung und Mahlgemeinschaft des Auferstandenen mit seinen Jüngern und die Hingabe Jesu für die Menschen gefeiert (vgl. Lk 24).

Das Mahl, Inbegriff des Heiles, ist auch Symbol der Forderun-

gen Jesu: es gilt die Einladung anzunehmen (Lk 14, 14f). Vom
Mahlverhalten lassen sich Klugheitsregeln ableiten, die für das
ganze Leben gelten: „Suche nicht die ersten Plätze" (Lk 14, 7–11).
Für Christen ändern sich auch die Prinzipien, nach denen man
Gäste einlädt: „Lade nicht Verwandte und reiche Nachbarn ein;
lade Arme, Krüppel und Blinde ein. Sie können es nicht vergelten.
Es wird dir vergolten bei der Auferstehung der Gerechten" (Lk 14,
12–14). Die Apostelgeschichte schildert eindringlich die Bedeutung des „Miteinander-essens" an einer Wende der Kirchengeschichte: der Apostel Petrus meinte, Heiden könnten sich Christus
nur anschließen, wenn sie die jüdischen Speisevorschriften annehmen. Doch wird er in einer Vision von Gott selbst belehrt
(Apg 10). Auch für Paulus war die Tischgemeinschaft zwischen
Heidenchristen und Judenchristen unaufgebbarer Ausdruck der
durch Christus geschenkten Erlösung (Gal 2, 12). Das Mitein-
ander-essen als ein Bild für das Anteilgeben und das Anteilnehmen
drückt das den Menschen geschenkte Heil in seiner ganzen Fülle
aus.

Mahl

Gabe	Gemeinschaft Jesu mit Sündern
	Gemeinschaft mit dem Auferstandenen
	Eucharistie
Aufgabe	das Angebot annehmen
	Sorge für den Menschen
	niemanden ausschließen

Literaturhinweise

H. Conzelmann, Die Mitte der Zeit. Studien zur Theologie des Lukas.
Tübingen, 5. Aufl. 1964 **

2.4 Jesus, der Offenbarer des Vaters
   (Zur Theologie des Johannesevangeliums)

Seit alters her wird das Evangelium des Johannes das „geistliche Evangelium" genannt. Dieses Evangelium hebt nämlich mehr als die anderen Evangelien den Sinn der erzählten Ereignisse und Worte Jesu ans Licht: so wird z. B. die Blindenheilung (Joh 9) äußerst anschaulich dargestellt und hervorgehoben, daß durch dieses Wunder Jesus sich als Licht der Welt zeigt, zu dem alle Menschen Stellung zu nehmen haben. Dieses Wunder ist Aufforderung zur Entscheidung und Einladung zum Glauben. Zu diesem Zweck ist das ganze Evangelium geschrieben.

> Wichtiger Text: Joh 20, 30–31

Gleichzeitig berichtet Joh jedoch die Ereignisse des Lebens Jesu konkreter als die anderen Evangelien: die Wunder sind anschaulicher, ins einzelne gehend geschildert; es finden sich viele Einzelheiten und Ortsangaben, die bei den Synoptikern fehlen. Johannes kennt eine anfängliche Wirksamkeit Jesu in Judäa und berichtet, wieder im Unterschied zu den Synoptikern, von mehrmaligen Reisen Jesu zu Festen nach Jerusalem. Diese historischen und geographischen Angaben weisen auf einen Traditionsträger ersten Ranges hin (Schnackenburg).

2.4.1 Antwort auf große Fragen der Menschheit

Das Johannesevangelium antwortet auf die großen Fragen der Menschheit. Siebenmal stellt sich Jesus als die große Gabe Gottes für die Menschen vor:
Ich bin das Brot des Lebens (6, 35. 51).
Ich bin das Licht der Welt (8, 12; vgl. 9, 5).
Ich bin der gute Hirt (10, 11. 14).
Ich bin die Tür (10, 7. 9).
Ich bin die Auferstehung und das Leben (11, 25).

Ich bin der Weg, die Wahrheit und das Leben (14, 6).
Ich bin der wahre Weinstock (15, 1. 5).

Mit jeder dieser Selbstvorstellungen ist eine Heilszusage verbunden: z. B. Wer mein Fleisch ißt und mein Blut trinkt, der bleibt in mir und ich bleibe in ihm (Joh 6, 56). Wer mir nachfolgt, wandelt nicht im Finstern, sondern hat das Licht des Lebens (Joh 8, 12) u. a. So sehr ist Jesus die von Gott her geschenkte Antwort auf die Fragen der Menschen, daß er sich als den Offenbarer schlechthin vorstellen kann: Wie sich im AT Gott seinem Volk geoffenbart hatte als der „Ich bin, der ich bin" (Ex 3, 16) und seine Treue immer wieder mit dem Satz bestätigt hatte: Ich bin es (der treu ist und da ist) (vgl. Jes 43, 10; 41, 4; 45, 18 u. a.), so kann sich auch Jesus mit der Offenbarungsformel vorstellen: „Ihr werdet erkennen: Ich bin es" (Joh 8, 24. 28. 58; 13, 19; 18, 5. 6. 8).

Die vom Menschen geforderte Antwort auf die Offenbarung Gottes ist der Glaube. Joh berichtet nun nicht nur von der Aufforderung zum Glauben, sondern erzählt das Jesusgeschehen als eine Glaubensgeschichte. An konkreten Gestalten, etwa der Samariterin (Joh 4), dem geheilten Blinden (Joh 9), der Schwester des Lazarus (Joh 11) zeigt Johannes, wie Menschen zum Glauben geführt werden. Andere Abschnitte sind eine Art Glaubensgespräch zwischen Jesus und den Menschen, etwa das Gespräch zwischen Jesus und Nikodemus (Joh 3) und die Gespräche zwischen Jesus und den (ungläubigen) Juden (Joh 5–8; 10).

2.4.2   Offenbarung vor der Welt und vor den Jüngern

Die Gliederung des Johannesevangeliums entspricht dem Gedanken der Offenbarung:
Joh 1–12: Jesus offenbart sich der Welt.
Jesu Worte und Zeichen sind eine Offenbarung, durch die Jesus seine Einheit mit dem Vater enthüllt und die Menschen zur Entscheidung ruft. Doch die „Welt" („Welt" ist nach Joh oft im Sinn der gottfeindlichen Kräfte gemeint) lehnt Jesus ab.

Joh 13–17: Jesus offenbart sich vor seinen Jüngern.

In seiner großen Abschiedsrede und dem Hohepriesterlichen Gebet offenbart Jesus seinen Jüngern seine Einheit mit dem Vater. Er verheißt ihnen für die Zeit seiner Abwesenheit innigste Gemeinschaft mit ihm und untereinander: die Jünger sind mit Jesus verbunden wie die Rebzweige mit dem Rebstock. Als Kennzeichen seiner Gemeinschaft gibt er ihnen das Gebot der Brüderliebe. Aus diesem Miteinandersein entsteht Friede und Freude.

Joh 18–21: Erhöhung und Verherrlichung.

Die Ereignisse des Leidens und der Auferstehung Jesu werden als Weg zum Vater und als Verherrlichung geschildert. Jesus ist weniger der Leidende, als vielmehr der Handelnde, der um alles weiß und die Initiative ergreift (Joh 13, 1–3). Der Prozeß, den die Menschen vor der durch die Römer dargestellten Weltöffentlichkeit anstrengen, wird zu einem Prozeß Jesu gegen die „Welt" (vgl. die Verhandlung vor Pilatus Joh 18, 28–19, 16). In diesem Prozeß wird immer wieder die Hoheit Jesu sichtbar: jene, die ihn verhaften wollen, weichen zurück, wenn er sich als der „Ich bin es" offenbart (Joh 18, 4–8). Jesus weiß, wann er sein Leben und seinen Gehorsam vollendet (Joh 19, 28). In der Gestalt des Thomas faßt Joh die Glaubenshaltung der späteren Christen, die nicht Zeugen der Auferstehung sind, zusammen: Selig, die nicht sehen und doch glauben (Joh 20, 29).

Wichtige Texte:	Joh 1, 1–18
	12, 44–50
	14, 15–21
	18, 36–38

2.4.3 Jesus – Mittler der Einheit

Jesus kann nach dem Zeugnis des Johannesevangeliums den Menschen das Heil bringen, weil er durch seinen Gehorsam und seine Liebe mit dem Vater eins ist. Durch sein „Werk" (damit bezeichnet Joh das gehorsame und liebende Tun Jesu) will Jesus die Menschen in diese göttliche Einheit hineinnehmen. Durch eine Reihe von Ausdrücken zeigt das Evangelium, wie der Vater und Jesus eins sind und wie Jesus diese Einheit den Menschen weitergibt:

Der Vater

Der Vater
und der
Sohn sind
eins (Joh 17, 22)

gibt dem Sohn alles (Leben 5, 26; das Gericht 5, 22; sein Gebot 15,10; sein Wort 17, 8; die Herrlichkeit 17, 22; alles 17, 7)

liebt den Sohn (5, 20; 15, 9)
ehrt und verherrlicht den Sohn (8, 54; 12, 28)
sendet den Sohn (8, 26. 29)

Der Sohn

Jünger
bleiben in
Jesus
(Joh 15)

empfängt vom Vater alles und gibt es den Menschen (Joh 17)

verherrlicht den Vater und gibt die Herrlichkeit den Menschen (Joh 17, 22. 24)
wird geliebt und liebt die Menschen (15, 9)
gibt das Gebot Gottes den Menschen (15, 10)
ist gesandt und sendet (Joh 20, 21)

Die Jünger
erhalten das Leben
erhalten die Wahrheit
sind geliebt
haben sein Gebot und sind gesendet

Wichtige Texte: Joh 15
                              17

2.4.4 Entstehung

Das Johannesevangelium hat mit den synoptischen Evangelien die Erzählfolge von Taufe bis zur Auferstehung und eine Reihe

58

von Berichten gemeinsam: über Johannes den Täufer (Joh 1, 19–34), Tempelreinigung (Joh 2, 13–22), Heilung des Sohnes des Hauptmanns (Joh 4, 46–54), Brotwunder und Seewandel (6, 1–21), Salbung in Bethanien (Joh 12, 1–8), Leidensgeschichte und Auferstehungsberichte (Joh 18–20; 21). Es unterscheidet sich von den synoptischen Evangelien durch die Länge seiner Reden, vor allem aber durch eine ganz eigene Denk- und Sprechweise: einige wesentliche Themen kehren immer wieder: Wahrheit, Offenbarung, Glauben, Bleiben in Jesus, „Ich bin . . .". Die Sätze sind charakteristisch aufgebaut durch Wiederholung bestimmter Wörter und Satzteile (vgl. Joh 15). Der Leser gewinnt den Eindruck, daß der Verfasser immer wieder bestimmte Themen aufnimmt, wiederholt und durch neue Wendungen vertieft, um ihren ganzen Reichtum herauszuarbeiten. Diese Eigenart erklärt sich am besten, wenn man annimmt, daß dieses Werk das Ergebnis einer langen Meditation über Wort und Wirken Jesu ist. Im Licht der großen Fragen der Menschheit und in Auseinandersetzung mit abweichenden Auffassungen (etwa: Abschwächung der wahren Menschlichkeit Jesu) wird das Wirken Jesu durchdacht und seine Bedeutung für die Menschen enthüllt. Diese Meditation und Verkündigung ist nicht vom Verfasser allein, sondern wohl von einer größeren Gruppe vollzogen worden, in der Schule und unter der Autorität des Jüngers, der von Jesus geliebt wurde (Joh 13, 23; 19, 26; 20, 2). Die älteste Tradition sieht in diesem geliebten Jünger den Zebedäussohn Johannes. Das Evangelium nennt den Namen des Verfassers nicht, beruft sich aber auf das Zeugnis des von Jesus geliebten Jüngers.

Literaturhinweise

J. Blank, Krisis. Untersuchungen zur johanneischen Christologie und Eschatologie. Freiburg 1964 **
R. Borig, Der wahre Weinstock (Joh 15, 1–10). München 1967 **
F. Mußner. ZOE. Die Anschauung vom „Leben" im vierten Evangelium unter Berücksichtigung der Johannesbriefe. München 1952 **

F. Mußner, Die johanneische Sehweise und die Frage nach dem historischen Jesus. Freiburg 1965 **

A. J. Simonis, Die Hirtenrede im Johannes-Evangelium. Rom 1967 **

W. Thüsing, Herrlichkeit und Einheit. Eine Auslegung des Hohepriesterlichen Gebetes Jesu (Joh 17). Münster, 2. Aufl. 1975 *

W. Thüsing, Die Erhöhung und Verherrlichung Jesu im Johannesevangelium. Münster 1960 **

Jesus von Nazaret

1 Zugänge zum historischen Jesus

1.1 Die Eigenart der Quellen über Jesus

Die Evangelien sind zunächst Glaubenszeugnisse; sie sagen uns, wie die Urkirche aufgrund ihres Glaubens an den Auferstandenen Christus das irdische Leben Jesu gesehen hat. Die Evangelien sind Ausdruck der gläubigen Überzeugung, daß Jesus das Heil der Welt ist. Auch wenn sie als Zeugnisse des Osterglaubens der Urkirche verstanden werden, kann man doch erkennen, wer Jesus wirklich war, und zeigen, daß die Evangelien das Bild von Jesus nicht verändert oder verfälscht haben, sondern in einer rechtmäßigen Weise interpretiert, d. h. im Licht der Auferstehung die ganze Sinnfülle des Jesusgeschehens entfaltet haben.

Die Unterscheidung:

Die Geschichtswissenschaft kann feststellen, wer Jesus war historischer Jesus und Christus des Glaubens betrifft die Sichtweise:

und was er gewirkt hat; der Glaube erst erkennt die Bedeutung und den tiefsten Sinn des Geschehens.

1.2 Zugänge der Geschichtswissenschaft zum historischen Jesus

Die neuere Exegese gibt einige Zugänge, durch die sich mit den Methoden der Geschichtswissenschaft zeigen läßt, ob eine in den Evangelien überlieferte Begebenheit sich tatsächlich ereignet hat und ob ein Wort, das Jesus in den Mund gelegt wird, wirklich von Jesus stammt. Ein solcher Zugang der Forschung lautet etwa: Wenn ein Bericht weder aus dem Judentum abgeleitet noch der Urkirche zugeschrieben werden kann, dann haben wir einen Zug aus dem Leben Jesu vor uns, der in keiner Weise erfunden ist, sondern eben das echte Bild des irdischen Jesus gibt (E. Käsemann). Beispiele für Ergebnisse, die durch diesen Zugang gewonnen sind, sind die Ausführungen über die Verkündigung der Gottesherrschaft und die Gottesanrede Jesu.

Historisch sicher ist eine Begebenheit auch dann, wenn sie vielfältig bezeugt ist, und zwar in Quellen, die voneinander unabhängig sind, etwa bei Mk, in der Logienquelle, in den Paulusbriefen; oder wenn, wie etwa zu den Wundern, Berichte und auch Worte Jesu zugleich gegeben sind.

In diesem Zusammenhang spricht man dann von ipsissima verba und ipsissima facta: ureigene Worte und Taten Jesu. Gemeint ist damit: Es gibt einige Worte (und auch Taten), die so charakteristisch für Jesus sind und die in solchem Gegensatz zu allen Auffassungen seiner Umwelt stehen, daß sich nicht denken läßt, daß sie erfunden seien; sie stammen also von Jesus.

Kriterium (Zugang) des Unterschiedes zu Judentum und früher Kirche:
Ein Faktum oder Wort Jesu geht mit Sicherheit auf Jesus zurück, wenn es im Gegensatz steht zu Auffassungen des Judentums der Zeit Jesu oder im Gegensatz zu den Interessen der ersten christlichen Gemeinden.

Kriterium der vielfältigen Bezeugung:
Begebenheiten sind historisch sicher, wenn sie vielfältig durch mehrere verschiedenartige Quellen bezeugt sind.

Kriterium der Übereinstimmung:
Ein Wort geht auf Jesus zurück, wenn es übereinstimmt mit dem, was wir sonst von Jesus wissen.

Dieses Vorgehen der historisch-kritischen Methode ermöglicht uns, deutlich zu sehen, was der Kern der Botschaft des irdischen Jesus war und wie Jesus selber seine Sendung gesehen hat: es entsteht vor unseren Augen das Bild eines sehr konkreten und engagierten Jesus.

2.1.   Die äußeren Daten des Lebens Jesu

Text: Lk 3, 1–2. 23

Jesus wurde in den „Tagen des Herodes" in Betlehem geboren (Mt 2, 1; Lk 1, 5; 2, 6). Die christliche Zeitrechnung wurde nach Berechnungen des Dionysius Exiguus (gest. 566) festgesetzt; dabei wurde irrtümlicherweise angenommen, daß Jesus bei seinem Auftreten genau dreißig Jahre alt war, was nach der Angabe von Lk 3, 23 nicht zutreffen muß, denn Jesus war „ungefähr" dreißig Jahre alt.

Jesus wurde im 15. Jahre der Regierung des Kaisers Tiberius (14–37) von Johannes dem Täufer getauft und begann somit sein öffentliches Wirken im Jahre 28/29. In seinem öffentlichen Wirken, das nach der Darstellung des Johannesevangeliums zwei Jahre und einige Monate dauerte (vgl. die drei Osterfeste Joh 2, 13; 6, 4; 13, 1), trat Jesus in Galiläa und Jerusalem auf. Jesus wurde am 14. Nisan (nach Joh) oder am 15. Nisan (Synoptiker) im Jahre 30 oder 33 gekreuzigt.

Der römische Schriftsteller Tacitus berichtet in seinen um 115 nach Christus geschriebenen Annalen vom Brande Roms zur Zeit des Nero und macht dabei folgende Bemerkung: „Der Urheber dieses Namens Christus war unter der Regierung des Tiberius durch den Prokurator Pontius Pilatus hingerichtet worden."

2.2 Angaben zur Zeitgeschichte

2.2.1 Die politischen Verhältnisse

Herodes

Als Jesus geboren wurde (vgl. Mt 2, 1; Lk 1, 5), hatten die Juden ihre politische Selbständigkeit an die Römer verloren (63 v. Chr.) und in deren Namen herrschte Herodes der Große (40–4 v. Chr.). Selbst nicht Jude, sondern Idumäer, erhielt er von den Römern den Titel: „König der Juden, Freund und Bundesgenosse der Römer". Als politisch kluger Kopf erkannte Herodes, daß ein Überleben nur möglich war, wenn mit den Römern ein Bündnis eingegangen wurde. So war er gegen die Römer unterwürfig, sympathisierte mit dem heidnischen Hellenismus (Bauten, Einrichtungen, sittlich-religiöse Anschauungen). Er war verhaßt wegen Grausamkeit (Ausrottung der jüdischen, früher regierenden Hasmonäer, harte Behandlung aller Gegner). Im Jahr 20 v. Chr. begann er den Umbau des Tempels, den er zu einem der glanzvollsten Bauten der Antike gestaltete (erst 63 n. Chr. vollendet; vgl. Mk 13, 1 f).

Die Herrscher zur Zeit des öffentlichen Wirkens Jesu

> Text: Lk 3, 1–2

Nach dem Tode des Herodes des Großen (4 v. Chr.) wurde sein Herrschaftsgebiet unter seine drei Söhne aufgeteilt. Alle drei werden in den Evangelien genannt.
Archelaus: 4 v. Chr.–6 n. Chr. Er erhielt Judäa; er wurde wegen seiner Grausamkeit von den Römern abgesetzt (vgl. Mt 2, 22).
Herodes Antipas: 4 v. Chr.–39 n. Chr. Er herrschte über Galiläa und Peräa, baute die Stadt Tiberias am See Genesaret, nahm die Frau seines Stiefbruders zur Gemahlin und verstieß seine Frau, die eine Tochter des Nabatäerkönigs Aretas IV. war. Er ließ Johannes den Täufer hinrichten (Mk 6, 17–29 par). Jesus nennt ihn

einen „Fuchs" und zieht sich aus seinem Gebiet zurück (Lk 13, 31f).

Philippus: 4 v. Chr. – 34 n. Chr. herrschte über das Gebiet nordöstlich des Sees Genesaret; gründete die Stadt Cäsarea Philippi (Stadt des Philippus zu Ehren des Caesars; vgl. Mk 8, 27: Bekenntnis des Petrus).

Die Landpfleger (Gouverneure)

Als Archelaus seine Herrschaft verlor (6 n. Chr.), kamen Judäa und Samaria unter die Herrschaft der römischen „Landpfleger" (Prokuratoren). Diese verfügten über ca. 3000 Soldaten. Der größte Teil der Truppen war in Cäsarea am Meer, der Residenz der Statthalter, stationiert, eine Garnison gab es auch in Jerusalem auf der Burg Antonia (zur Überwachung des Tempels). Die Gerichtsbarkeit übten der Hohe Rat der Juden und die Ortsgerichte aus, zur Ausführung der Todesstrafe bedurfte es der Bestätigung des Statthalters (nur dieser hatte das Recht zur Hinrichtung). Der Statthalter ließ die Steuern für den kaiserlichen Fiskus durch Zollpächter einheben.

Die Juden hatten sich eine Reihe von Privilegien zu verschaffen gewußt: Es durften keine Kaiserbilder nach Jerusalem gebracht werden, die Juden waren vom Militärdienst frei, Heiden durften den Vorhof der Juden im Tempel nicht betreten, Israel besaß das Recht zur Einhebung der Tempelsteuer.

Der Prokurator, unter dem Jesus wirkte und starb, hieß Pontius Pilatus (26–36). Er wird von den zeitgenössischen Juden als grausam, unzugänglich und hart hingestellt. Wegen seines aufreizenden Verhaltens wurde er von den Römern abgesetzt und in die Verbannung geschickt. Nach dreijähriger Herrschaft eines Enkels des Königs Herodes, Herodes Agrippa I., wurde das ganze Gebiet 44 n. Chr. römischen Prokuratoren unterstellt, die ihrerseits vom syrischen Statthalter abhingen.

Die Zerstörung Jerusalems (70 n. Chr.)

In dieser Zeit begann zunächst der „kalte Krieg" der Juden gegen die Römer. Als Reaktion auf die Unterdrückung des Volkes durch die römische Fremdherrschaft kam es 66 n. Chr. zum Aufstand, der nach einem kurzen Erfolg der Juden zur Belagerung Jerusalems durch den römischen Feldherrn Titus und schließlich zur Eroberung und Zerstörung der Stadt und des Tempels führte (70 n. Chr.).

Der Titusbogen auf dem „Forum Romanum" in Rom ist noch heute ein Denkmal des Triumphzuges, den Titus nach der Beendigung des jüdischen Krieges gefeiert hat.

2.2.2 Die religiösen Verhältnisse

Als die beiden großen Gnaden Gottes für sein Volk und als die alle Juden vereinigenden Elemente galten der Tempel und die Tora (Gesetz).

Der Tempel galt als eines der großen Prachtwerke der antiken Welt (vgl. Mk 13, 1). Der feierliche Kult erreichte alljährlich höchsten Ausdruck an den Festen, an denen das ganze Volk teilnahm (Pascha, Wochenfest/Pfingsten, Versöhnungstag, Laubhüttenfest).

> Text: Mk 11, 15–19

Die Ausübung der Liturgie lag in den Händen der Priester, die in 24 Klassen eingeteilt waren (vgl. Lk 1, 5–9). An der Spitze der Priesterschaft stand der Hohepriester. Als Vorsitzender des Hohen Rates (der obersten verwaltenden und richterlichen Behörde) hatte er in den Tagen Jesu besondere Autorität erlangt. Aber wegen des politischen Einflusses, der mit dieser Würde verbunden war, wurde der Hohepriester von den Statthaltern und Fürsten ein- und abgesetzt. Den beiden Hohenpriestern zur Zeit Jesu gelang es, sich länger zu halten. Hannas regierte von 6–15, Kajafas von 18–36. Die höchsten Beamten, die aus Priesterfamilien genommen wurden, wie der Oberste der Tempelwache, der Tempelschatzmeister, wurden ebenfalls „Hohepriester" genannt.

Der Hohe Rat (auch Sanhedrin oder Synedrium genannt) bestand aus 71 Mitgliedern und war die höchste jüdische Behörde. Er setzte sich aus den Hohenpriestern, Schriftgelehrten (Gesetzeskundigen, meist aus der Gruppe der Pharisäer) und Ältesten (Vertretern des Volkes aus nicht-priesterlichen Geschlechtern) zusammen. Den Vorsitz führte der regierende Hohepriester. Der Rat entschied in Fragen der Religion, des Rechtes und der Verwaltung. Die Todesstrafe konnte nur von der Besatzungsmacht ausgesprochen werden.

Strömungen und Gruppierungen zur Zeit Jesu

Zur Zeit Jesu gab es im Judentum eine Reihe von Strömungen und Gruppierungen. Sie alle versuchten eine Antwort zu geben auf die Frage: Wie soll sich Israel in der neuen Situation als Volk Gottes verhalten?

Die Situation war gekennzeichnet durch den Siegeszug der griechischen Kultur und der heidnischen Lebensauffassung. Nach dem Tod Alexanders d. Gr. (323 v. Chr.), der ein Weltreich gegründet hatte, war sein Reich aufgeteilt worden, doch die durch ihn ausgelöste Kulturbewegung, der sogenannte Hellenismus, breitete sich aus und erfaßte auch Palästina.

Für das Judentum bedeutete die Begegnung mit dem Hellenismus die Begegnung mit einer militärisch und wirtschaftlich überlegenen und verwaltungsmäßig bis ins letzte durchorganisierten Staatsform heidnischer Prägung. In der Auseinandersetzung mit dieser Kultur und Religion mußte Israel seinen Glauben an Jahwe neu überdenken. Einen ersten Höhepunkt erreichte diese Auseinandersetzung unter Antiochus IV. Epiphanes aus Syrien, der die Herrschaft über Palästina errungen hatte. Um den Einfluß griechischer und heidnischer Lebensauffassung in Jerusalem sicherzustellen, setzte er den rechtmäßigen Hohenpriester ab und wandelte 167 v. Chr. den Tempel in Jerusalem in ein Heiligtum des obersten griechischen Gottes Zeus um. Dieser „Greuel der Verwüstung" (Dan 12, 11) bleibt noch für das NT der Inbegriff für die Verwüstung an heiliger Stätte (vgl. Mk 13, 14).

So war für Israel die Frage drängend: Welche Zukunft ist dem Volk Gottes geschenkt? Was ist überhaupt der Ablauf der Geschichte? Angesichts heidnischer Lebensformen, die sich breit machten, war die Treue zum Gesetz gefährdet.

Auf diese Fragen gab es verschiedene Antworten.

Eine Antwort, die auch das Denken des NT weithin bestimmt, besteht in der sogenannten Apokalyptik (aus dem griechischen: Enthüllung). Nach dieser Auffassung ist die Welt bis ins letzte verderbt; nur mehr ein unmittelbares Eingreifen Gottes kann Rettung bringen. Das Ende steht bevor. Die Gerechten werden verfolgt, doch sie haben Einblick in den Heilsplan Gottes, demzufolge Gott den Endkampf mit den Feinden Gottes aufnehmen wird. In dieser Hoffnung können die Gerechten ausharren.

Zu den Vertretern der Apokalyptik zählten vor allem die Mönche von Qumran, welche das „Kloster" in Qumran in der Wüste Juda am Toten Meer bevölkerten und aus deren Bibliothek die Schriften stammen, die in den Höhlen von Qumran gefunden wurden; sie waren ein Orden mit strenger Lebensregel, mit Ehelosigkeit (wenigstens für einen Teil) und Gemeinsamkeit des Besitzes (ohne Privateigentum). Die Mönche von Qumran hielten die Lage in Jerusalem für so verderbt, daß sie sich in die Wüste zurückzogen. Sie sahen sich als den auserwählten Rest Israels an und erwarteten den unmittelbar bevorstehenden Kampf der Söhne des Lichtes gegen die Söhne der Finsternis. Die Zeloten (= Eiferer) wollten die Gottesherrschaft und die Freiheit des Volkes Gottes mit Waffengewalt herbeiführen. Solchen Versuchen setzte Jesus das Gebot der Gewaltlosigkeit und der Feindesliebe (Mt 5, 38–48) entgegen. Die Herodianer setzten sich für den von den Römern abhängigen Herodes ein. Die Sadduzäer hielten sich streng an den Buchstaben des Gesetzes, verwarfen den Glauben an die Auferstehung der Toten, an Engel und Dämonen, an die persönliche Unsterblichkeit und die Vergeltung im Jenseits.

Text: Mk 12, 18–27

Die Pharisäer (die Abgesonderten, Frommen) hatten auf das Volk großen Einfluß. Sie versuchten die Geltung des Gesetzes für die Bereiche des täglichen Lebens zu sichern, dabei beriefen sie sich in erster Linie auf die mündlichen Überlieferungen. Vor allem durch die Beobachtung der Reinheitsvorschriften hofften sie, die Heiligkeit des Gottesvolkes zu erhalten. Den Römern gegenüber waren sie unterwürfig, solange ihnen die Beobachtung des Gesetzes nicht untersagt war. Das Bild der Pharisäer wurde in der Auseinandersetzung zwischen Juden und Christen zu einseitig dargestellt.

Die Schriftgelehrten sind nicht eine Partei, sondern ein Beruf: Männer, die sich dem Studium des Gesetzes widmen. Sie gehörten vielfach zur Richtung der Pharisäer.

Die Synagoge

Für das religiöse Leben des Judentums nach dem Exil war sowohl in Palästina wie in der Diaspora (Zerstreuung) die Synagoge mit ihrem Sabbatgottesdienst von größter Bedeutung. In jedem größeren Ort, wo Juden wohnten, gab es eine Synagoge (Bethaus). Der Gottesdienst, der wenigstens an jedem Sabbat dort gehalten wurde, bestand aus Gebet, aus der Lesung des Gesetzes und der Propheten und einer Schrifterklärung. Jesus machte diesen Gottesdienst regelmäßig mit (vgl. Mk 6, 1f, Lk 4, 16–30) und erklärte auch die Schrift. Auch Paulus sprach bei solchen Gottesdiensten (Apg 13, 14f). Der Lesegottesdienst unserer Liturgie geht auf die Synagoge zurück.

2.3   Die Botschaft von der Gottesherrschaft

Den Kern der Botschaft Jesu bildet die Verkündigung, daß die Gottesherrschaft machtvoll genaht ist. Eine Zusammenfassung dieser Verkündigung findet sich in Mk 1, 14 f: „Erfüllt ist die Zeit und nahegekommen ist die Gottesherrschaft. Kehrt um und glaubt an das Evangelium." Unter Gottesherrschaft versteht Jesus die volle Verwirklichung der Herrschaft Gottes. Gott greift ein und verwandelt die Welt.

Auch das zeitgenössische Judentum verwendet den Ausdruck „Königsherrschaft Gottes". Er bedeutet sowohl die ewig bestehende Weltherrschaft Gottes als auch die Herrschaft, die Israel durch den Gehorsam auf sich genommen hat, denn Israel nimmt „das Joch der Königsherrschaft" auf sich. Während Israel durch den Ein-Gott-Glauben und die Erfüllung des Gesetzes das Joch der Gottesherrschaft auf sich genommen hat, sind die anderen Völker dieser Herrschaft noch nicht unterworfen. Jesus gibt diesem Ausdruck eine neue Bedeutung und macht ihn zur Mitte seiner Verkündigung und seines Wirkens. Vom AT her, besonders vom Propheten Jesaia her, bedeutet Königsherrschaft – und Jesus denkt hier so wie das AT – etwas Dynamisches: Gott ist König seines Volkes aufgrund einer geschichtlichen Tat: der Befreiung aus Ägypten (Ex 15, 11–18); die Königsherrschaft bedeutet ein königliches Führen und Herrschen (Jes 52, 7–10). Besonders der neue Exodus, in dem Gott sein Volk aus der Gefangenschaft von Babylon herausführt, enthüllt die Königsherrschaft Gottes als ein Eingreifen Gottes, durch das er seinem Volk Leben und Heil schafft.

Jesus verwendet den Ausdruck für das Eingreifen Gottes, das in seinem eigenen Wirken beginnt. Der Ausdruck bezeichnet nun den bevorstehenden endgültigen Sieg Gottes über das Böse, den Sieg über Krankheit, Tod und über jeden rebellischen Willen gegen Gott. Die Herrlichkeit der Gottesherrschaft wird von Jesus nicht mit phantastischen Bildern ausgemalt, es genügen ihm Gleichnisse und Bildworte: der Vergleich mit einem wunderbaren Mahl, mit der Freude eines Menschen, der einen Schatz gefunden hat, mit der Schilderung der Freude Gottes, der Verlorenes findet. Die Königsherrschaft Gottes wird von Jesus jedoch nicht nur in Worten angekündigt als etwas unmittelbar Bevorstehendes, sondern wird, und das ist das Neue seiner Botschaft, durch sein Wirken schon jetzt als wirkmächtig erfahren. Die Gottesherrschaft wird in der Zukunft in ihrer Herrlichkeit enthüllt werden (vgl. Mt 8, 11 f, Lk 22, 30), aber die Gottesherrschaft beeinflußt schon die Gegenwart, ist schon in der Gegenwart spürbar. Besonders seine Wunder versteht Jesus als Zeichen, die auf die machtvolle Gegenwart der Gottesherrschaft hinweisen, denn in ihnen wird das königliche Tun Gottes sichtbar (vgl. Mt 12, 28), allerdings nur für den, der glaubt.

Die Bitte um das Kommen der Gottesherrschaft (Mt 6, 9) ist von dieser Verkündigung und diesem Wirken Jesu her zu verstehen: der Jünger richtet diese Bitte an Gott im Blick auf eine Zukunft, in der Gott ideale Lebensbedingungen schaffen wird und in der die neue Welt endgültig anbricht. Doch ist auch die Gegenwart, in der der Beter steht, nicht eine Zeit, die durch und durch dem Bösen verfallen ist, sondern eine Zeit, die schon vom Wirken Jesu geprägt ist und in der der machtvolle Einfluß der Königsherrschaft spürbar ist. So betet der Christ diese Bitte in der Zeit zwischen Anfang und Vollendung der Gottesherrschaft, in seinem Vertrauen gestützt durch die Erfahrungen, die die Menschen mit Jesus gemacht haben.

Gottesherrschaft bedeutet:
Gott erweist sich als Gott, indem er neue Welt schafft und ideale Lebensbedingungen heraufführt.
Diese neue Welt ist im Wirken Jesu spürbar, und wird in Zukunft endgültig enthüllt werden.

Daß die Verkündigung der Gottesherrschaft im Zentrum der Botschaft Jesu steht, ist von der ntl. Forschung allgemein anerkannt, wobei allerdings umstritten ist, welches der genaue Sinn des Genahtseins dieser Gottesherrschaft ist.

In der Verkündigung der Urkirche tritt die Verkündigung der Gottesherrschaft zurück, im Vordergrund steht jetzt die Botschaft über den auferstandenen Christus. Der Gedanke der Gottesherrschaft nimmt die Form an, daß Gott seine heilbringende Herrschaft durch den erhöhten Christus ausübt, dem die Herrschaft übergeben ist (Phil 2, 9–11). Auch Paulus spricht vom Reich des Sohnes. Am Ende der Zeit wird der Sohn dieses Reich dem Vater übergeben und dann wird Gott alles in allem sein (1 Kor 15, 24–28). Daß die Verkündigung von der Gottesherrschaft ein Kennzeichen des historischen Jesus ist, ist dadurch erwiesen, daß sich Jesus vom damaligen Judentum unterscheidet, indem er „der einzige uns bekannte Jude ist, der verkündet hat, daß die Zeit des Heils schon begonnen hat" (D. Flusser). Da auch die Urkirche, wie schon gesagt, nicht mehr dieses Interesse an der Verkündigung der Gottesherrschaft hat, ist erwiesen, daß sie ein für Jesus charakteristischer Zug ist.

> Die frühe Kirche überliefert zwar die Botschaft von der Gottesherrschaft, doch steht in der Mitte ihrer Verkündigung die Person Jesu Christi, des Auferstandenen.

2.4   Die Botschaft von Gott als Vater

Jesus bringt eine neue Botschaft über Gott als Vater. Für Jesus kennzeichnend ist der Gebrauch der Gottesanrede Abba – lieber Vater. Diese Anrede ist etwas völlig Neues gegenüber der Gebetssprache des Volkes, aus dem Jesus stammt. Jesus beginnt alle Gebete (mit Ausnahme des am Kreuz zitierten Psalmes 22) mit dieser Anrede.

„Abba" ist die familiäre Anrede, die in den aramäisch sprechenden Familien von Kleinkindern und auch von erwachsenen Kindern verwendet wurde. Es entspricht in unseren Sprachen in etwa der Anrede „Papa". In einer Zeit, in der das Judentum den geoffenbarten Namen Gottes „Jahwe" nicht einmal auszusprechen wagt, sondern feierlich umschreibt, und den Gebrauch von „Abba" für Gott tatsächlich vermieden hat, gebraucht Jesus eine

Anrede aus dem Familienleben, die nicht mehr vom fernen Gott, sondern zum nahen Gott spricht.

Die Bezeichnung Gottes als Vater, die im alten Orient schon im 3. und 2. Jahrtausend belegt ist, ist im AT selten. Auch fehlt die Verwendung von „Abba" als Anrede, „Vater" wird nur zur Beschreibung benützt. Vielleicht ist dies eine Reaktion gegen die Umwelt, die allzuleicht von Gott als Vater redete.

Israel macht andere Erfahrungen mit Gott als die umliegenden Völker: Israel erfährt Gott als einen, der Geschichte wirkt, der aus Gnade erwählt, der einen Bund schließt. Dieser Gott ist ein Gott, der frei wirkt und der seinen Willen, auch seinen Heilswillen, durchführen will. Der zwischen Gott und Israel geschlossene Bund bedeutet Sorge von seiten Gottes und Gehorsam von seiten des Volkes. Solche Verbindung zwischen Gott und Mensch ist nicht naturnotwendig, als ob die Gottheit Gottesverehrer brauchte. Auch ist die Erschaffung des Menschen nicht die Geschichte zwischen einem Vater und seinen Söhnen (aus Erde und Götterblut entsteht nach heidnischen Schöpfungsmythen der Mensch). Freilich sind auch im Alten Testament schon Aussagen, daß Gott sich seinem Volk gegenüber väterlich und mütterlich verhält (der Tränen abwischt: Jes 66, 13).

Gegen Ende des Alten Bundes wird allmählich wieder der Name „Vater" für Gott eingeführt (Jes 63, 15f). Diese Bewegung und Neueinführung des Vaternamens von Gott wird von Jesus vollendet. Jesus kann Gott in neuer Weise als „lieben Vater" anreden, ihn nicht nur so beschreiben. In den Ausdruck Vater, den Jesus verwendet, ist die ganze Geschichte der alttestamentlichen Gotteserfahrung hineingenommen. Alle Erfahrungen des Alten Testamentes von Gott als dem Heiligen, dem Schöpfer, dem Souveränen sind mitgemeint. Dieser Gott (der heilig, Schöpfer, Gesetzgeber ist) ist nahe als Vater. Das Anders-sein Gottes und seine Nähe zu den Menschen sind verbunden (vgl. Lk 15, 11–32).

Diese Anrede gehört zur ureigensten Sprechweise Jesu: Die Urkirche war sich bewußt, daß sie in diesem Wort etwas von der Eigenart Jesu übernimmt, deshalb ist es sogar in das griechisch geschriebene NT in der aramäischen Form aufgenommen (Röm

8, 15; Gal 4, 6; Mk 14, 36). Zugleich gilt dieses Wort als besondere Gabe, das nur im Hl. Geist ausgesprochen werden kann (Röm, Gal). In dieser Anrede, die die ureigenste Erfahrung Jesu ausspricht, liegt der Schlüssel zum Verständnis des Lebens und Tuns Jesu und – zusammen mit der Verkündigung der Gottesherrschaft – das Zentrum der Botschaft Jesu. In dieser Anrede ist das ganze Vertrauen und die Hingabe Jesu ausgedrückt, ebenso der Gehorsam und das Wissen um die Gegenwart Gottes. In diesem Ausdruck kommt ein einzigartiges Verhältnis zwischen Gott und Jesus, als dem Vater und dem Sohn, zur Sprache. So ist in dieser Gottesanrede zugleich eine ganze Christologie, eine Lehre von Christus enthalten: Die Gottesanrede, die Jesus eigen ist, offenbart ihn zugleich als Sohn.

Abba = lieber Vater

Jesus redet Gott in völlig neuer Weise als „Abba – lieber Vater" an.

Diese Anrede drückt Jesu einzigartige Nähe zu Gott in Gehorsam und Liebe aus. Die Anrede ist zugleich ein Hinweis auf die Sohneswürde Jesu.

2.5 Das Hauptgebot der Gottes- und Nächstenliebe

Aus der Verkündigung der Gottesherrschaft (als liebender und fordernder Nähe Gottes) und der grundlegenden Gotteserfahrung Jesu ergibt sich das Hauptgebot der Gottes- und Nächstenliebe. Dieses Gebot ergibt sich konsequent aus der Gottesanschauung Jesu. Auch von da läßt sich die Neuheit dieses Gebotes aufzeigen. Vom Judentum läßt sich wohl die eine oder andere Parallele anführen; der Hauptunterschied liegt wohl darin, daß bei Jesus die im Judentum intensiv geübte juristische Praxis fehlt (H. Braun). Kennzeichnend für dieses Gebot ist zunächst die von Jesus hergestellte unlösbare Verbindung zwischen Gottes- und Nächstenliebe, die voll der Offenbarung Jesu vom Vater entspricht. Daraus, daß Jesus sodann das ganze Gesetz auf diese beiden Gebote zurückführt, erklärt sich die überaus kritische Haltung Jesu dem Tempel und dem Ritualgesetz gegenüber: Jesus nimmt die Kultkritik der Propheten auf, daß aller Kult sinnlos ist, wenn das Eigentliche, Gerechtigkeit und wahrer Gehorsam, fehlt.

Wichtiger Text: Mk 12, 28–34

Aus dieser Konzentration auf Gottes- und Nächstenliebe erklärt sich auch die revolutionäre Anschauung Jesu, daß es nicht auf die Vorschriften über Rein und Unrein ankomme (Mk 7, 1–23). Damit stellt sich Jesus gegen Vorschriften, die geradezu ein Fundament der Gesellschaftsordnung seiner Zeit bilden. So ist Jesus in dieser Hinsicht ein Außenseiter, der sich mit Zöllnern und Sündern solidarisiert und wegen dieser Gemeinschaft auch die Vorschriften über Rein und Unrein nicht beachten kann. Ein anderes Kennzeichen dieses Gebotes ist die Ausweitung des Gebotes der Nächstenliebe auf alle Menschen (gegen alle Versuche, den Begriff des Nächsten einzuschränken).

Wichtiger Text: Lk 10, 25–37
Mt 18, 23–35

Aus dieser universalistischen Anschauung erklärt sich, daß Jesus sich weder von der bestehenden Ordnung noch von der Opposition beanspruchen läßt: Jesus steht über den damals üblichen Einteilungen und „Grundfesten" der Gesellschaft. Er kennt für sein Gespräch keine Unterscheidung in Gerechte und Sünder. Er ist „Freund der Zöllner und Sünder", wie der Vorwurf gegen ihn lautet (Mt 11, 19). Er stellt einen Zöllner als Beispiel für erhörtes Gebet hin (Lk 18, 10–14). Das gleiche gilt hinsichtlich arm und reich:

Jesus kennt die Gefahr des Reichtums und stellt die Sorge um die Gottesherrschaft als das Wichtigste hin. Dennoch ist er im Hause des reichen Pharisäers Simon und beim Zöllner zu Gast (Lk 7, 36–50; Mk 2, 15). Jesus erkennt zwar die heilsgeschichtliche Stellung Israels an, relativiert sie jedoch, indem er einen Samariter als Beispiel der Nächstenliebe hinstellt (Lk 10, 25–37) und anstelle des ungläubigen Volkes den Heiden den Eintritt in die Gottesherrschaft verheißt (Mt 8, 5–13).

Im Hauptgebot erfolgt also eine Rückführung des Gesetzes auf dessen eigentlichen Kern, doch zugleich wird die Weisung Jesu so allgemein formuliert, daß sie die Anwendung auf die verschiedenen Situationen erlaubt.

Für die sittliche Weisung Jesu ist kennzeichnend

Verbindung von Gottes- und Nächstenliebe im Hauptgebot;

Konzentration der Gebote auf das Hauptgebot

2.6 Das Verhalten Jesu

In einigen für Jesus typischen Verhaltensweisen drückt sich das Neue aus, das Jesus bringt.

Wirken in Autorität: Jesus verkündet den Willen Gottes mit neuer Autorität. Die Traditionen der Schriftgelehrten werden überwunden und der Wille Gottes wird proklamiert. Dieser Wille Gottes ist nicht Gesetzeswille, sondern Heilswille für den Menschen.

Nachfolgeruf: Jesus ruft die Jünger in seinen Dienst; es geht dabei nicht um ein Studium des Gesetzes unter seiner Leitung, sondern Teilnahme an seiner Sendung. Die Jünger werden nie ausgelernt haben und sind für immer auf seine Person verpflichtet.

Mahlgemeinschaft mit Sündern: Jesus gilt als „Freund der Zöllner und Sünder" (Mt 11, 19). Auf diese Weise bietet Jesus, ohne jedes religiös oder politisch motivierte Klassendenken, das Heil Gottes an.

Wichtige Texte: Mk 3, 1–6
Mk 1, 16–20
Lk 7, 36–50

2.7 Das Hoheitsbewußtsein und die Würdenamen Jesu

Jesus hat von sich selber nur sehr zurückhaltend gesprochen. Wichtiger war ihm die Verkündigung der Botschaft von der Gottesherrschaft und von Gott als Vater.

Das Verhalten Jesu läßt auf seine Würde schließen

Jesus wirkt in unerhörter Autorität:
er gibt ein neues Gesetz an Gottes Statt,
er versöhnt Menschen mit Gott,
er redet in neuer Weise zu Gott.

Die Evangelien und die Schriften der Urgemeinde haben die Würde Jesu, die sie deutlich erkannt haben, klar ausgesprochen: Jesus ist Sohn Gottes, Messias, Menschensohn (vgl. Mk 1, 1; Mk 8, 29 par; Joh 20, 31).
Nach Ansicht vieler Forscher hat Jesus selbst nur den Titel Menschensohn gebraucht, denn dieser Titel lief am wenigsten Gefahr, vom Volk mißdeutet zu werden.

Messias: der erwartete Retter des Gottesvolkes Israel
Menschensohn: der von Gott eingesetzte Richter der Welt,
der die Niedrigkeit des Leidens auf sich nimmt.

Aber auch jene Forscher, die annehmen, daß Jesus sich diese Titel nicht selber beigelegt hat, sondern daß erst der Glaube der Urkirche diese Titel in die Tradition eingetragen hat, sagen, daß aus dem Wirken Jesu sein Anspruch, der endgültige Heilsbringer zu sein, klar hervortritt. Die gläubige Gemeinde hat also nach Meinung vieler Forscher Jesus diese Titel zu Recht beigelegt, denn sie drükken nur wörtlich aus, was inhaltlich durch das ganze Leben Jesu gegeben ist. Im Verhalten Jesu steckt eine ganze Christologie, die von der Urgemeinde besonders durch die Hoheitsnamen entfaltet wird.

Literaturhinweise

W. Beilner, Jesus ohne Retuschen. Graz 1974 *

J. Blank, Jesus von Nazareth. Geschichte und Relevanz. Freiburg 1972 *

G. Bornkamm, Jesus von Nazareth. Urban-Bücher 19, 1957 *

M. Dibelius–W. G. Kümmel, Jesus. Sammlung Göschen 1130, 1966 *

J. Ernst, Anfänge der Christologie. Stuttgarter Bibelstudien 57. Stuttgart 1972 *

J. Gnilka, Jesus Christus nach frühen Zeugnissen des Glaubens. München 1970 *

O. Hofius, Jesu Tischgemeinschaft mit den Sündern. Calwer Hefte 86, 1967

J. Jeremias, Die Botschaft Jesu vom Vater. Calwer Hefte 92, 1962 *

J. Jeremias, Das Vater-Unser im Lichte der neueren Forschung. Calwer Hefte 50, 1957 *

J. Jeremias, Neutestamentliche Theologie. Erster Teil: Die Verkündigung Jesu. Gütersloh 1971 **

W. Knörzer, Was wir von Jesus wissen. Stuttgart 1973

K. Müller (Hrsg.), Die Aktion Jesu und die Re-Aktion der Kirche. Jesus von Nazareth und die Anfänge der Kirche. Würzburg 1972 *

F. J. Schierse (Hrsg.), Jesus von Nazareth. Mainz 1972 *

R. Schnackenburg, Gottes Herrschaft und Reich. Freiburg, 4. Aufl. 1965 **

R. Schnackenburg, Die Sittliche Botschaft des Neuen Testamentes. München, 2. Aufl. 1962 **

H. Schürmann, Das Gebet des Herrn. Aus der Verkündigung Jesu erläutert. Freiburg 1958 *

E. Schweizer, Jesus Christus im vielfältigen Zeugnis des Neuen Testamentes. Gütersloh 1968

G. Theißen, Soziologie der Jesusbewegung. München 1977 *

3 Wichtige Textgruppen über Jesus von Nazaret

3.1 Die Gleichnisse Jesu

In den Gleichnissen Jesu kommt uns die Eigenart Jesu, seines Denkens und seiner Sprache besonders nahe.

3.1.1 Warum spricht Jesus in Gleichnissen?

Die Erzählung von der Begegnung Jesu mit der Sünderin (Lk 7, 36–50) führt uns in eine konkrete Situation, in der Jesus ein Gleichnis erzählt: Um das Verhalten der Frau und sein eigenes zu erklären – ein in den Augen des Gastgebers ungewöhnliches Verhalten – erzählt Jesus eine ungewöhnliche Geschichte. Sie soll den Hörern einen Denkanstoß geben. Vielleicht finden sie auf diese Weise zu einem neuen Verständnis der Situation. Ob die Hörer zu einem neuen Verhalten kommen, ist nicht erzählt, doch müssen sie auf jeden Fall Stellung beziehen.

Wichtiger Text: Lk 7, 36–50

Jesus verwendet in seiner Verkündigung Beispiele aus dem Leben, die ganz irdisch anmuten, in denen von Gott nicht die Rede ist, um durch solche „Predigtbeispiele" seine Hörer „zum Mitgehen" zu bewegen. Wo Jesus auf einen tiefgreifenden Gegensatz der Meinungen und Haltungen trifft, versucht er Einverständnis zu gewinnen durch Erzählungen aus dem Leben. Dieses Einverständnis kann er gewinnen durch Erzählung von alltäglichen, allgemeingültigen Vorgängen (etwa vom Wachstum auf den Feldern). So wird die Autorität des allgemein Bekannten der Botschaft Jesu dienstbar gemacht. In anderen Fällen erzählt Jesus einen problematischen Grenzfall, der durch seine Einzigartigkeit und Anschaulichkeit Aufmerksamkeit erweckt (Verlorener Sohn). Andere

Male erzählt Jesus exemplarisch, wie es einem Menschen ergangen ist (etwa Lk 12, 16–21).

Gleichnisse sind nicht nur anschauliche und oft spannende Erzählungen, sondern Predigtbeispiele, durch die Jesus zum Mitgehen bewegen will.

Häufig werden in diesen Erzählungen zwei Denkweisen und Verhaltensweisen dargestellt: die „normalen" Verhaltensweisen, etwa der Ärger des älteren Bruders über das Fest für den heimgekehrten jüngeren Bruder (Lk 15, 11–32); die Reaktion der Arbeiter, die den ganzen Tag gearbeitet haben und doch nur gleichviel erhalten wie jene, die nur eine Stunde gearbeitet haben (Mt 20, 1–16). Diesem Verhalten wird eine „neue Logik" der Güte und Barmherzigkeit entgegengesetzt.

3.1.2 Die Überlieferung der Gleichnisse Jesu in der Urkirche

Durch die Gleichnisse sucht Jesus das Einverständnis seiner Hörer zu gewinnen. Später werden die Gleichnisse, die sich oft an Gegner wenden, auch dort verwendet, wo bereits ein grundlegendes Einverständnis mit Jesus vorhanden ist. Die Christen verstehen diese Gleichnisse auch als Weisung für ihr eigenes Verhalten. Dabei wurde häufig der Wortlaut der eigentlichen Erzählung nur wenig verändert, wohl aber wurde in der Situationsschilderung, die dem Gleichnis als Einleitung vorangeht, die neue Situation der Gemeinde dargestellt. Desgleichen wurde die Anwendung am Schluß verallgemeinert und auf die neuen Probleme angepaßt.

Auch als Predigt der Urkirche sind die Gleichnisse Botschaft für uns, doch ergibt sich aus der ursprünglichen Form der Gleichnisse, wie Jesus sie verwendet hat, oft ein sehr anschauliches Bild von Jesus.

> Die Gleichnisse Jesu werden in der Urkirche oft ohne den Kontext der Predigt Jesu überliefert. So ist bei den Gleichnissen zu unterscheiden: die Situationsschilderung, der Wortlaut der eigentlichen Erzählung und die meist allgemein gehaltene Anwendung.

Diese anschaulichen Erzählungen wurden von der Urkirche in kleinen Sammlungen überliefert. Die Gleichnisse wurden zusammengestellt nach bestimmten Themen und Wörtern: Gottesherrschaft (Mk 4; Mt 13), Gastmahl (Lk 14), Suche nach Verlorenem (Lk 15), Wachsamkeit (Mt 24–25).

3.1.3   Die Botschaft der Gleichnisse

Die Gleichnisse Jesu sind so anschaulich, daß ein Hauptgedanke der Verkündigung Jesu jeweils deutlich wird. Zu tieferem Verständnis ist all das heranzuziehen, was wir von Jesus, seinem Wort und Tun und von seiner Auseinandersetzung mit den Gegnern wissen.

> Die Gleichnisse müssen im Zusammenhang mit der ganzen Botschaft Jesu gelesen werden: sie schildern das Kommen der Gottesherrschaft und offenbaren Gott als Vater. Sie ermutigen zu einem neuen Verhalten.

Literaturhinweise

G. Eichholz, Gleichnisse der Evangelien, Form, Überlieferung, Auslegung. Neukirchen 1971*
K. Gutbrod, Ein Weg zu den Gleichnissen. Stuttgart 1967
J. Jeremias, Die Gleichnisse Jesu. Siebenstern-Bücherei 43, 1969* (Kurzausgabe des gleichnamigen Standardwerkes **)

H. Kahlefeld, Gleichnisse und Lehrstücke im Evangelium. Frankfurt a. M., 2 Bände, ²1964 *
E. Linnemann, Gleichnisse Jesu. Einführung und Auslegung. Göttingen ³1964 **
F. Mußner, Die Botschaft der Gleichnisse Jesu. München 1964 *

3.2 Die Berichte über die Wunder Jesu

Das Wort „Wunder" bedeutet nicht für jeden dasselbe: Der eine empfindet das Leben selbst als etwas Wunderbares; ein anderer geht mit dem Wort „Wunder" und „wunderbar" sparsamer um. Aber manche Ereignisse und Begegnungen, vor allem das Erlebnis der Liebe, wird von den meisten Menschen als wunderbar und außergewöhnlich bezeichnet, etwas, wofür man nicht so leicht eine Erklärung findet. Jene Menschen, die durch die Begegnung mit Jesus zum Glauben an ihn gekommen sind, haben die ganze Person Jesu als etwas Außerordentliches erlebt. Besonders eine Reihe von Taten Jesu, Heilungen von Kranken, Austreibung böser Geister, sind so außerordentlich, daß sie als Wunder bezeichnet wurden: Ereignisse, die nicht jeden Tag vorkommen, die Staunen erregen.

3.2.1 Wundergeschehen: Bewegung vom Unheil zum Heil

> Wichtiger Text: Mk 1, 23–28

Krankheitsbild und „Diagnose": Dem äußeren Krankheitsbild nach macht der Besessene den Eindruck eines Menschen, der außer sich ist, der keinen eigenen Willen mehr hat und keine eigenen Initiativen entfaltet, sondern von einer stärkeren Macht getrieben ist, nicht mehr Herr seiner selbst ist. Erzählungen der Bibel schildern auch, daß solche Menschen vor Wut schäumen, daß es sie ins Wasser und ins Feuer wirft. Das Krankheitsbild – soweit es uns die biblischen Texte schildern – hat große Ähnlichkeiten mit einigen Krankheiten, die wir heute als Geisteskrankheiten bezeichnen. In Krankheiten dieser Art haben die Menschen der damaligen Zeit einen bösen Geist am Werk gesehen, der die Herrschaft im Menschen ergreift. Diese Auffassung entspricht zwar nicht dem Standpunkt der heutigen Medizin, doch ist sie sehr tief, denn sie sieht in der Verwirrung des Menschen durch Krankheit eine große Unordnung der Welt. Und diese Unordnung war für den Menschen der damaligen Zeit nur dadurch zu erklären, daß der Satan selbst im Spiel ist. Jesus hat sich den Auffassungen der damaligen Zeit angeschlossen – auch er sieht in diesen kranken Menschen den Satan selbst am Werk.

Jesus schreitet dort ein, wo der Satan, der Gegenspieler Gottes, am Werk ist. Jesus schafft neue Ordnung und Freiheit, indem er die Menschen aus der Verwirrung und inneren Unordnung herauskommen läßt, die Knechtschaft beendet und den Menschen wieder zum Herrn seiner selbst macht.

Durch sein wunderbares Wirken schenkt Jesus Menschen, die bis ins Leibliche hinein vom Unheil getroffen sind, Anteil am Heil.

Die Wunder sind eine andere Art, wie Jesus die Botschaft von der Gottesherrschaft verkündet. Im Tun Jesu kommt die neue Welt Gottes auf die Menschen zu und wandelt sie. Sie entsprechen der Güte, mit der Jesus wirkt.

Durch die Wunder verkündet Jesus konkret und anschaulich:
Die Gottesherrschaft ist im Anbruch;
Gott ist Vater der Menschen.

3.2.2 Jesus und der Glaubende

Jesus hat darauf geachtet, daß seine Wunder nicht falsch verstanden würden. Wenn Menschen nur aus Neugier von ihm ein Wunder verlangten, hat er dies einfach abgelehnt: Wunder sind nur für Menschen, die für die Botschaft Jesu von der Güte Gottes bereit sind. Für die Ungläubigen waren die Wunder wohl auffällige Ereignisse. Der Sinn des gütigen Wirkens Jesu und im Zusammenhang damit die Sprache der Wunder ist nur Glaubenden verständlich.

> Wunder als Offenbarung setzen den Willen des Menschen voraus, eine solche Sprache anzunehmen.

Im Johannesevangelium werden die Wundergeschichten als Glaubensgeschichten dargestellt: angesichts des Wunders müssen die Menschen Stellung nehmen. Wenn Jesus einen Blinden heilt und sich als Licht der Welt erweist, werden die einen blind, die anderen werden sehend (Joh 9).

3.2.3 Zur historischen Fragestellung

Daß Jesus tatsächlich Wunder gewirkt hat, läßt sich aufgrund folgender Überlegungen nachweisen:
Die Wunder Jesu sind durch viele, voneinander unabhängige Quellen bezeugt (Mk, Logienquelle, Sondergut, außerbiblische Quellen). Neben den eigentlichen Wundererzählungen gibt es auch noch Logien, die die Wunderwirksamkeit voraussetzen. Ohne tatsächliche Ereignisse wäre die Entstehung dieser Berichte nicht recht denkbar.
Einige Jesusworte, die von den meisten Forschern als echt anerkannt werden, setzen die Wundertätigkeit als gegeben voraus (z. B. Mt 12, 21–30 par)
Die Wunder Jesu unterscheiden sich von den Wundern anderer

Wundertäter seiner Zeit, sie haben ein „eigenes Gesicht": sie sind Wunder zum Heil (und nicht zur Strafe), sie stimmen mit der Botschaft Jesu überein, indem sie von der Liebe Gottes, der Nähe der Gottesherrschaft, der Einladung zum Glauben sprechen. So sind diese Wundererzählungen nicht im Anschluß an die Taten anderer Wundertäter erfunden worden.

Die Überlieferung der Wunder Jesu hängt wohl damit zusammen, daß es sich um Ereignisse handelt, die für die Jünger voll von Bedeutung waren und die den späteren Generationen wegen ihrer prägenden Kraft weitergegeben werden sollten. Die Sinnerfahrung der ersten Zeugen wird uns durch die Wunderberichte vermittelt, damit auch wir uns mit dem Ereignis beschäftigen und einen Sinn für uns erfragen.

3.2.4 Natürliche Erklärung?

Zur Erzählung von der Heilung eines Besessenen und zu anderen Erzählungen von wunderbaren Heilungen läßt sich fragen: Waren das tatsächlich Wunder? Könnte man nicht annehmen, daß Jesus ein sehr begnadeter Arzt war, der durch die Begegnung die Menschen gesund gemacht hat? Die Berichte der Evangelien stellen Jesus tatsächlich als einen wunderbaren Arzt vor. Es heißt sogar (Mt 8, 17): er hat unsere Schwächen auf sich genommen und unsere Krankheiten getragen, und dies wird gesagt als Zusammenfassung eines Berichtes, in dem von den vielen Heilungen in der Stadt Kafarnaum die Rede ist. Die Evangelien lassen auch keinen Zweifel, daß die Menschen, denen Jesus begegnet ist, diese Begegnung als hilfreich und außerordentlich empfunden haben. An den Berichten von Jesus als Arzt fällt auf, mit welcher Vollmacht Jesus wirkt. Es braucht keine Kuren, auch keine langen Therapien; Jesus wirkt durch das einfache Wort. Die Krankheiten, die er geheilt hat, sind genau die Krankheiten, die es auch heute noch gibt: Fieber, Blutungen, Verwirrung des Geistes. Und von Jesus heißt es: Er hat alles gut gemacht; er hat den Blinden das Augenlicht, den Stummen die Sprache, den Gehörlosen das Gehör geschenkt und den Armen eine frohe Botschaft gebracht. Muß man annehmen, daß durch diese Handlungen die Naturgesetze übertreten und die Ordnung der Welt auf den Kopf gestellt wurde? Ob Jesus durch diese Wunder die Naturgesetze für eine Weile außer Kraft gesetzt hat, ist nicht leicht zu beantworten. Schon gleich müssen wir nämlich sagen: Wieweit kennen wir schon die Naturgesetze? Was einem Menschen vor fünfzig Jahren noch als unmöglich erschien, z. B. die Fahrt auf den Mond, ist heute möglich. Viele technische und gerade auch medizinische Errungenschaften haben uns gezeigt, daß der Mensch zu sehr vielen Dingen die Kraft und Fähigkeit hat. Aber für Jesus und die Menschen seiner Zeit war das gar nicht die Frage, ob in diesen Heilungen die Naturgesetze übertreten wurden: sie haben nicht versucht zu erklären, wieweit Jesus sich in diesen Heilungen der natürlichen Kräfte des Menschen bedient. Sie haben vor allem darauf geachtet, daß Jesus durch die Wunder den Menschen eine Botschaft zukommen läßt. Er sagt: Gott ist zu den Menschen gut; er will, daß sie in einer heilen und friedlichen Welt leben können. Und als eine Bekräftigung, wie gut Gott den Menschen gesinnt ist, heilt Jesus Kranke und befreit Besessene.

Die Wunder sind nicht isolierte Taten, die Jesus das eine oder andere Mal gewirkt hat. Sie sind ein besonders deutlicher Ausdruck dessen, was Jesus auch durch sein Wort gewirkt hat: den Menschen die Nähe Gottes ansagen, die Güte spüren lassen und neue Menschen zu formen.

Die biblischen Schriftsteller erklären nicht, wie Jesus gewirkt hat, sondern zeigen, daß Jesus auch durch sein Tun die Nähe Gottes gebracht hat. Es wäre voreilig, alle Wunder Jesu „natürlich" erklären zu wollen. Die Einsicht in viele Kräfte ist dem Menschen entzogen.

Die Tatsache, daß Jesus Wunder gewirkt hat, daß er Kranken die Gesundheit geschenkt und Menschen, die vom Satan geknechtet waren, befreit hat, ist heute allgemein von der Forschung anerkannt. Menschen haben tatsächlich, indem sie Jesus begegnet sind, Heil erfahren, und ihrer Not wurde ein Ende gesetzt. Jesus hat die Wunder nicht gewirkt, um zu zeigen, daß er solche Vollmacht hat, sondern er hat in ihnen seine Botschaft greifbar und anschaulich gemacht: die Menschen sollten erfahren, daß Gott es mit ihnen gut meint. Die Wunder sprechen in besonders deutlicher Sprache von der Güte Gottes. Sie werden auch heute noch erzählt: so wird auch der heutige Mensch aufmerksam gemacht, daß es in seinem Leben ähnliche Erfahrungen von Frieden und Versöhnung gibt.

Literaturhinweise

R. H. Fuller, Die Wunder Jesu in Exegese und Verkündigung. Düsseldorf 1967 *
K. Gutbrod, Die Wundergeschichten des Neuen Testaments. Stuttgart 1967
F. Mußner, Die Wunder Jesu. Eine Hinführung. München 1967 *
R. Pesch, Jesu ureigene Taten? Ein Beitrag zur Wunderfrage. Freiburg 1970 **
A. Weiser, Jesu Wunder damals und heute (Kleine Reihe zur Bibel). Stuttgart 1968
A. Weiser, Was die Bibel Wunder nennt. Stuttgart 1975 *

3.3 Die Bergpredigt (Mt 5–7)

Wenn der Christ die Frage nach dem sinnvollen Tun und erfüllten Leben stellt, wendet er sich an die Bergpredigt, die die Weisung Jesu für seine Jünger am klarsten darstellt. Wer sich nun ernst mit der Bergpredigt befaßt, merkt, daß die Bergpredigt eine ganz andere Welt darstellt als jene, in der wir leben. Viele Probleme von heute, etwa jene eines weltweiten politischen und sozialen Lebens, werden in der Bergpredigt nicht erwähnt. Auch ist ein Einsatz des Menschen verlangt, der ihn in die Auseinandersetzung mit seiner Umwelt und zum Bruch mit der Gesellschaft führt. Könnte so zunächst der Eindruck entstehen, daß die Bergpredigt ein Überleben in der Gesellschaft unmöglich macht, so zeigt das moderne Leben, daß nur die Bergpredigt, näherhin „nur die alte Ethik der Nächstenliebe das Leben in der technischen Welt möglich macht" (C. F. von Weizsäcker).

3.3.1 Einlaßbedingungen in die neue Welt Gottes

Die Bergpredigt ist im wesentlichen eine Liste von „Einlaßbedingungen": wer sich in einer bestimmten Weise verhält, gewinnt den Zugang in die Gottesherrschaft. Schon das AT kennt die Frage, wie sich der Mensch verhalten müsse, um zur heiligen Stätte des Tempels zugelassen zu werden (Ps 15), und was er tun müsse, um das verheißene Land zu erben (Ps 37, 11). Diese Frage hat man auch an Jesus gerichtet: „Was muß ich tun, um das ewige Leben zu erben?" (Mk 10, 17–31). Die Bergpredigt ist eine Sammlung vieler dieser Einlaßbedingungen: die Seligpreisungen (Mt 5, 3–12); die sogenannten „Antithesen", d. h. jene Verhaltensweisen, durch die sich der Jünger Jesu von den Schriftgelehrten und Pharisäern unterscheidet, werden ausdrücklich als alleiniger Zugang in die Gottesherrschaft bezeichnet (Mt 5, 20); zu den Einlaßbedingungen gehören auch die Forderungen, daß der Mensch nicht Ehre durch Menschen suchen darf, sondern sein Tun vor Gott verrichten soll (Mt 6, 1–18); ebenso gehören dazu die Schlußmahnungen der Bergpredigt (Mt 7, 13–27). In den Einlaßbedingungen ist jeweils eine bestimmte Verhaltensweise verlangt. Solchem Verhalten wird der Zugang zur Gottesherrschaft geschenkt. In verschiedenen Bildern wird das geschenkte Leben geschildert: Anteil an der Gottesherrschaft, Söhne Gottes (Mt 5, 3. 9); Lohn (Mt 6, 1–18); ein festes unzerstörbares Haus (Mt 7, 25).

Die Seligpreisungen in der Bergpredigt weisen einen anderen Akzent auf als die Seligpreisungen bei Lk (Lk 6, 20–26): während es sich bei Lk um Seligpreisungen und Verheißungen handelt, die an Menschen in einer schlimmen Lage (Hunger, Trauer, wirkliche Armut) ergehen, sind es bei Mt Seligpreisungen an Menschen, die bestimmte Verhaltensweisen üben (Hunger nach Gerechtigkeit, Armut vor Gott, d. h. demütige erwartungsvolle Haltung). Diese stärkere Betonung von geforderten Verhaltensweisen entspricht der Eigenart des Mt.

> Die Bergpredigt nennt die Verhaltensweisen, die den Zugang zur neuen Welt Gottes eröffnen.

3.3.2 Befähigung zum Tun

Die Einlaßbedingungen sind nicht nur Forderungen, die es zu erfüllen gilt, sondern sie schließen eine Verheißung in sich. Jesus verwendet für diese Einlaßbedingungen die Form der Seligpreisung (und Gratulation), weil nach seiner Auffassung alles Tun des Menschen begleitet und umfangen ist von der Gnade und Güte Gottes. Die Bergpredigt nennt auch einige Vorzeichen, unter die das Tun des Menschen gestellt ist: das Vorbild des gütigen und schöpferisch wirkenden Gottes macht die Feindesliebe erst möglich und ist die stärkste Einladung zu diesem völlig neuen Verhalten gegenüber den Feinden (Mt 5, 44); die Sorge Gottes für die Vögel und die Blumen ist Hinweis und Ermutigung zum Vertrauen auf Gott (Mt 6, 25–33). Die Forderungen sind nur zu verstehen, wenn sie zusammen mit dem neuen Gottesbild Jesu gelesen und verwirklicht werden. Eine zweite Begründung für ein neues Tun der Menschen ist der hohe Wert der Gottesherrschaft. Die Größe dieser Gabe verlangt auch, daß sie der Mensch zu seinem wichtigsten Wert macht und ihre Forderungen erfüllt. Wenn diese Begründungen und Zusammenhänge gesehen werden, wird sichtbar, daß die Bergpredigt nicht einfach Weisungen geben will, sondern zeigt, zu welchen Veränderungen es im menschlichen Tun kommt, wenn jemand den Anbruch der Gottesherrschaft in Jesus erlebt hat und sich mitreißen läßt. Die Weisungen in der Bergpredigt beschreiben die Antwort, die der Mensch gibt, wenn er von der Herrschaft Gottes ergriffen wird. Besonders das Gleichnis vom Schatz im Acker und von der kostbaren Perle, für die ein Mensch alles hingibt (Mt 13, 44–46), zeigt, in welchem Sinn die Bergpredigt erfüllbar ist: Wer einen solchen Schatz gefunden hat, braucht keine Weisung mehr; von selbst treibt es ihn, davon Besitz zu ergreifen. So entsteht auch das neue Tun des Jüngers nicht aufgrund von Weisungen, sondern aufgrund der Erfahrung mit Gott, die durch Jesus vermittelt wird. Die Bergpredigt ist in dem Maß erfüllbar, als jemand von Jesus „bewegt" ist.

Zu einem neuen Tun des Menschen kommt es, wenn er die Erfahrung gemacht hat, daß die Gottesherrschaft anbricht und eine neue Gegenwart Gottes geschenkt ist.

3.3.3   Die Bergpredigt in unserer Zeit

Die Geschichte der Kirche zeigt, daß manche Weisungen der Bergpredigt im Verlauf der Kirchengeschichte als wörtlich auszuführende Weisungen verstanden wurden, z. B. das Verbot der Ehescheidung (Mt 5, 31 f). Für andere Weisungen, z. B. das Verbot des Schwörens (Mt 5, 33–37), war dies nicht der Fall, vielmehr wurde der Eid als Ausdruck höchster Wahrhaftigkeit verlangt. Es läßt sich kein allgemeiner Grundsatz angeben, wann eine Weisung wortwörtlich zu befolgen ist, und wann das Wort Jesu dem Sinn nach zu erfüllen ist.

Da Jesus mit jeder seiner Anweisungen dazu auffordert, sein Anliegen zu verwirklichen, sind die Weisungen der Bergpredigt so auszuführen, daß dieses Anliegen Jesu erfüllt wird. Je nach der Situation wird die Reaktion auf den Schlag auf die Wange (Mt 5, 39) verschieden sein: Jedesmal ist der Christ jedoch aufgefordert, aus dem Teufelskreis des Bösen durch ein schöpferisches Tun auszubrechen, so daß nicht die Macht des Bösen gestärkt, sondern die Erfahrung von Gottes Güte weitergeschenkt wird.

> Durch die Weisungen der Bergpredigt ermuntert Jesus die
> Jünger zu einem schöpferischen Tun, zum Aufbau einer
> neuen Welt. In einer gewandelten Situation ist jede Wei-
> sung so zu erfüllen, daß dieses sein Anliegen gewahrt
> bleibt.

Literaturhinweise

G. Eichholz, Auslegung der Bergpredigt. Neukirchen 1965 *
L. Goppelt, Die Bergpredigt und die Wirklichkeit dieser Welt. Calwer
Hefte 96, 1969
J. Jeremias, Die Bergpredigt. Calwer Hefte 27, 1959
W. Knörzer, Die Bergpredigt. Modell einer neuen Welt. Stuttgart 1968 *
A. Scharbert, Die Bergpredigt. Auslegung und Verkündigung. Mün-
chen 1966 *
G. Schneider, Die Botschaft der Bergpredigt. Aschaffenburg 1969 *

3.4 Die Leidensgeschichte
Warum wurde Jesus hingerichtet?

Der Prozeß gegen Jesus von Nazaret ist einer der umstrittensten
Vorgänge der Weltgeschichte. Jesus von Nazaret wurde schuldig
gesprochen und am Kreuz hingerichtet. Seine Jünger waren von
Anfang an von seiner Unschuld überzeugt. Von den Christen
wurde die Schuld am Tod Jesu oft dem jüdischen Volk als ganzem
zugeschrieben. Die katholische Kirche hat auf dem II. Vatikanischen Konzil in der „Erklärung über das Verhältnis der Kirche
zu den nichtchristlichen Religionen" (1965) Nr. 4 festgestellt:

> Obgleich die jüdischen Obrigkeiten mit ihren Anhängern
> auf den Tod Christi gedrungen haben, kann man dennoch
> die Ereignisse seines Leidens weder allen damals lebenden
> Juden ohne Unterschied noch den heutigen Juden zur Last
> legen. Man darf die Juden nicht als von Gott verworfen
> oder verflucht darstellen, als wäre dies aus der Hl. Schrift
> zu folgern.

3.4.1 Die Eigenart der Quellen

Als Informationsquelle über den Prozeß Jesu stehen uns die ausführlichen Berichte der vier Evangelien (Mt 26–27; Mk 14–15; Lk 22–23; Joh 18–19) und einige Notizen aus jüdischen Schriften und bei den römischen Schriftstellern zur Verfügung. Die außerbiblischen Quellen sind nur kurz und lassen nur erkennen, daß Jesus unter dem römischen Gouverneur Pontius Pilatus gekreuzigt wurde. Die Berichte der vier Evangelien sind zwar ausführlich und schildern den Verlauf des Prozesses Jesu im einzelnen. Doch stellt sich bei den Evangelien ein anderes Problem: die Evangelisten wollen nicht in erster Linie den geschichtlichen Ablauf darstellen, sie wollen – als Verkünder einer frohen Botschaft und als Prediger – vor allem aufzeigen, welche Bedeutung dieser Prozeß und diese Verurteilung für den Glaubenden haben. So betonen die Evangelien stark, daß sich im Leiden und Sterben Jesu die Aussagen des AT erfüllen. Dies ist zwar für das gläubige Verständnis dieses Geschehens wichtig, ist aber nicht unmittelbar eine Information über den Prozeßverlauf. Die Evangelien geben dann deutlich zu verstehen, daß Jesus von den jüdischen Behörden vor allem wegen seines Anspruches, der Sohn Gottes zu sein, zum Tod verurteilt wurde. Für den Glauben der Urkirche und unseren Glauben ist es sehr bedeutsam, daß Jesus der Messias und der Sohn Gottes ist. Ob es aber beim Prozeß hauptsächlich um diese Frage ging, ist nicht so sicher. Diese Absicht der Texte, vor allem zum Glauben zu führen, ist zu beachten.

Die Berichte der Evangelien über Leiden und Tod Jesu wollen vor allem zeigen, daß Jesus der Sohn Gottes ist, der aus freiem Willen leidet, und der durch sein Leiden die Ankündigung des Alten Testamentes erfüllt.

3.4.2 Der historische Verlauf des Prozesses Jesu

Die Texte der Evangelien bieten viele Anhaltspunkte geschichtlicher Art, die es uns möglich machen, auch den geschichtlichen Ablauf des Prozesses Jesu nachzuzeichnen. Sehr hilfreich ist die Kenntnis der damaligen politischen und religiösen Umwelt in Palästina und die Kenntnis der römischen und jüdischen Prozeßordnung.

Aufgrund der uns zur Verfügung stehenden Quellen kann als historisch sicher gelten:

> Jesus von Nazaret wurde von einem Gericht der römischen Besatzungsmacht in Palästina unter dem römischen Gouverneur Pontius Pilatus zum Tod am Kreuz verurteilt. Die Anklage hatte auf Rebellion gegen die römische Staatsgewalt gelautet.

Verurteilung und Hinrichtung am Kreuz erfolgten durch ein römisches Gericht. Nur die Römer kannten diese schreckenerregende Todesart der Kreuzigung. Gerade in der Provinz Judäa waren Exekutionen am Kreuz gang und gäbe. Auf diese Weise wurde jeder politische Widerstand im Keim erstickt. Die nach römischem Brauch am Kreuz angebrachte Überschrift führt für Jesus als Grund der Verurteilung an: Jesus von Nazaret, König der Juden. Jesus wurde also von den Römern als ein Angehöriger der damals immer wieder auftauchenden Widerstandskämpfer betrachtet und als solcher hingerichtet. Neben der Inschrift am Kreuz läßt auch die Schilderung des Prozesses immer wieder erkennen, daß es um die Königswürde ging. Wer einen solchen Anspruch erhob, war in den Augen der Römer ein Rebell gegen die römische Staatsmacht. Gerade in den Jahrzehnten, in denen Jesus lebte, war es immer wieder zu Aufständen gegen die Römer gekommen, und oft waren diese Aufstände geschürt von den Erwartungen einer messianischen Zeit. So waren die Römer doppelt auf der Hut gegen messianische Bewegungen. Jesus wurde als Rebell gegen die Staatsmacht hingerichtet. War er tatsächlich ein Rebell, der den gewaltsamen Aufstand propagiert hatte? Die Evangelien berichten einhellig, daß Jesus jede messianische Propaganda für seine Person geradezu ängstlich vermieden habe und daß er die Gewaltlosigkeit als das einzig wirksame Mittel zur Überwindung des Bösen angesehen hat.

> Jesus hat nicht zum Aufstand gegen die Römer aufgerufen. Das römische Gericht hat ihn zu Unrecht als politischen Rebellen verurteilt.

Die Evangelien geben auch Aufschluß, wie es zu diesem Urteil gekommen ist. Übereinstimmend berichten die vier Evangelien, daß die jüdischen Behörden, vor allem die oberste Behörde, der Hohe Rat, die Vernichtung Jesu planten. In ihren Augen war Jesus des Todes schuldig geworden.

> Die Behörden des jüdischen Volkes waren an der Verurteilung Jesu maßgeblich beteiligt.

Für eine Hinrichtung waren sie allerdings nicht zuständig, da diese nach römischem Recht der römischen Besatzungsmacht im Land vorbehalten war. In den Evangelien wird jedoch nicht recht deutlich, wie die jüdischen Behörden vorgingen. Nach Mt und Mk gab es unmittelbar nach der Verhaftung Jesu zwei Sitzungen des Hohen Rates, die mit einem förmlichen Todesurteil schlossen. Nach dem Evangelisten Johannes gab es in der Nacht der Verhaftung Jesu nur noch eine kurze Befragung Jesu durch die jüdische Behörde und dann begann gleich der Prozeß vor dem römischen Statthalter Pontius Pilatus. Die jüdischen Behörden hatten nach dem Evangelisten Johannes den Beschluß, Jesus zu vernichten, schon früher gefaßt (Joh 11, 45–53). Dieser Beschluß war herangereift, weil die Wirksamkeit Jesu den jüdischen Behörden gefährlich vorkam.

> Nach der Auffassung der jüdischen Behörden mußte Jesus sterben, weil seine Botschaft und sein Wirken eine höchste Gefährdung für den Bestand des jüdischen Volkes darstellte.

Auch dies läßt sich nur auf dem Hintergrund der damaligen Zeit verstehen. Das jüdische Volk, umgeben von einer heidnischen Umwelt und unterjocht von den Römern, war in seiner Existenz bedroht. Der Bestand des jüdischen Volkes war nur gewährleistet, wenn jeder einzelne Jude konsequent zu Brauch und Sitte der Väter, zur völkischen Eigenart und zum Auserwählungsbewußtsein des Volkes stand. Wer in dieser Lage Kritik an den hergebrachten Bräuchen des jüdischen Volkes äußerte oder Änderungen vorschlug, galt schon bald als Feind des Volkes. Und so erging es auch Jesus: die Freiheit vom Gesetz, die Jesus brachte, wurde als Angriff auf die geheiligten Institutionen verstanden. Wenn Jesus die bis dahin üblichen Einteilungen der Menschen in Juden und Heiden, in Gerechte und Sünder nicht mehr so wichtig nahm, galt dies bald als ein Umsturz einer von Gott gewollten Ordnung. Die ganze Energie der jüdischen Behörden war auf die Erhaltung des Volkes gerichtet und hatte keine Kraft, die – wie wir sagen würden – konstruktive Kritik Jesu zu berücksichtigen. Jesus wollte ja durch sein kritisches Verhalten gegenüber dem Gesetz und den Institutionen das Volk Israel nicht zerstören, sondern dem Volk helfen, seine eigentliche Aufgabe, Gehorsam und Liebe zu Gott, neu zu entdecken.

> In den Augen der jüdischen Behörden gefährdete Jesus den Bestand des jüdischen Volkes
> – durch Kritik an dem vom Gott gegebenen Gesetz;
> – durch Verhaltensweisen, die mit den herkömmlichen Bräuchen nicht übereinstimmten;
> – durch Verunsicherung des Auserwählungsbewußtseins.

Jesus von Nazaret mußte, dies war das Ende der Überlegungen, im Interesse des jüdischen Volkes geopfert werden.

Unter dem Druck der Lage – die römische Besatzung schöpfte nämlich bei jeder Unruhe im Volk Verdacht – und aufgrund der Unfähigkeit, die neue Botschaft Jesu aufzunehmen, ging man zusammen mit den Römern an die Vernichtung Jesu. In den Augen der jüdischen Behörden war so der weitere Bestand des Volkes gesichert – die Römer hatten keinen Grund zum Einschreiten; in den Augen der Römer war ein Gefahrenherd des politischen Aufstandes und der Unruhe im Volk beseitigt.

3.4.3 Der Sinn des Geschehens

Von der Geschichte her gesehen war dies der Verlauf des Prozesses und waren dies die Gründe, die zur Kreuzigung Jesu geführt haben. Für die glaubenden Jünger enthüllte sich nach und nach auch der tiefste Sinn dieses Geschehens: aufgrund der Auferstehung erfaßten die Jünger, daß Jesus, obwohl er am Holz der Schande gestorben war, nicht von Gott verworfen, sondern von Gott bestätigt worden war. Sie erfaßten auch, daß dieser Tod nicht als ein sinnloses Ende über Jesus gekommen war, sondern daß Jesus diesen Tod auf sich genommen hatte, um seinem Werk und seiner Botschaft treu zu sein. Der Evangelist Johannes faßt den Sinn des Todes in gläubiger Sicht zusammen: So sehr hat Gott die Welt geliebt, daß er seinen einzigen Sohn dahingab, damit jeder, der an ihn glaubt, das ewige Leben hat (Joh 3, 16).

Literaturhinweise

J. Blinzler, Der Prozeß Jesu. Regensburg, 4. Aufl. 1969 **

E. Lohse, Die Geschichte des Leidens und Sterbens Jesu. Gütersloh 1964 *

H. Schlier, Die Markuspassion. Einsiedeln 1974

G. Schneider, Die Passion Jesu nach den drei älteren Evangelien. München 1973 **

H. Schürmann, Jesu ureigener Tod. Exegetische Besinnungen und Ausblick. Freiburg 1975 **

3.5 Die Osterevangelien

Die Botschaft von der Auferstehung bildet den Kern der christlichen Verkündigung. Mit ihr ist auch die Verheißung des ewigen Lebens für die Menschen unlösbar verbunden (vgl. 1 Kor 15). Alle Evangelien schildern den Ablauf des Wirkens Jesu als einen Weg zu Tod und Auferstehung.

3.5.1 Die Zeugnisse über die Auferstehung Jesu

Die ältesten Zeugnisse über die Auferstehung Jesu sind Bekenntnisse und formelartige Wendungen, etwa: „Der Herr ist wirklich auferstanden und dem Simon erschienen" (Lk 24, 34) oder: „Gott hat ihn (Jesus) von den Toten auferweckt" (Röm 10, 9 u. a.). Öfter wird in diesen Texten auf die Schriftgemäßheit der Auferstehung hingewiesen (vor allem in dem bald nach Ostern formulierten Glaubensbekenntnis 1 Kor 15, 3–5. 7) und werden Zeugen der Auferstehung genannt.

In diesen Bekenntnissen wird nur die Tatsache der Auferstehung dargelegt; es fehlen Schilderungen, wie sich die Ereignisse zugetragen haben; auch fehlt die Erwähnung des leeren Grabes und des Besuches der Frauen beim Grab. Der Entstehung nach reichen diese Bekenntnisse weit zurück: in dem zwischen 50–60 n. Chr. geschriebenen Brief an die Korinther zitiert Paulus eine solche Bekenntnisformel und erwähnt ausdrücklich, daß er selbst diese Formel empfangen hat.

Neben diesen Bekenntnisformeln, die die Tatsache der Auferstehung bekennen, gibt es in allen vier Evangelien eine Reihe von Berichten, die von der Entdeckung des leeren Grabes, den Erscheinungen des Auferstandenen vor seinen Jüngern und dem Auftrag an die Jünger handeln. Die Evangelien sind im wesentlichen nichts anderes als die Erzählung einer Folge von Ereignissen, die ihren Höhepunkt in Tod und Auferstehung Jesu haben. Die Auferstehungserzählungen unterscheiden sich von den ältesten Bekenntnissen durch ihre Anschaulichkeit und Ausführlichkeit. Die Fassungen, die bei den einzelnen Evangelisten zu lesen sind, stimmen nur in ganz groben Umrissen überein. Die Unterschiede sind bedeutsam: Mk 16 und Mt 28 kennen nur Erscheinungen in Galiläa, Lk 24 nur solche in Jerusalem; Joh 20–21 solche in Jerusalem und Galiläa. Im Mittelpunkt dieser Erzählungen steht vielfach das Bekenntnis der Jünger zum Auferstandenen: durch die Begegnung mit dem Auferstandenen kommen sie zum Glauben an die Auferweckung und bekennen diesen Glauben. Im Auftrag des Auferstandenen beginnen sie auch ihre Missionstätigkeit.

Die ältesten Zeugnisse über die Auferstehung sind Bekenntnisse über die Tatsache der Auferweckung Jesu durch Gott. Die Texte über das leere Grab und die Erscheinungen erzählen, wie die Jünger durch göttliche Boten und durch die Begegnung mit Jesus zum Osterglauben kommen.

3.5.2 Der Sinn der Osterbotschaft

In der Botschaft von Ostern bezeugt die christliche Gemeinde einen einzigartigen Machterweis Gottes: Die Menschen haben Jesus von Nazaret zum Tod verurteilt, doch Gott – der ein Gott der Lebendigen ist – hat eingegriffen und ihn von den Toten erweckt. Die Hoffnung Israels auf die Auferweckung der Menschen und die Vergeltung ist in einer konkreten Person verwirklicht. Auferstehung bedeutet nicht, daß Jesus wiederbelebt worden sei, um ein Leben gleicher Art wie vorher zu führen. Jesus erlangt durch die Auferstehung die Teilnahme am Leben und an der Herrlichkeit Gottes. Unsere Vorstellungen versagen hier, doch geben uns die biblischen Texte einige Hinweise, indem sie in Bildern dieses neue Leben schildern: es bedeutet das Ende von Leiden und Tod; die Krankheit ist überwunden; Teilnahme an einem festlichen Mahl ist uns geschenkt. Vor einem weitergehenden ausführlichen Ausmalen dieses Lebens warnt Paulus eindringlich (1 Kor 15, 36).
Gemäß der urchristlichen Verkündigung bringt die Auferweckung Jesu den Anfang der neuen Welt: Die Auferweckung ist ein Ge-

schehen, das nicht nur Jesus angeht, sondern bedeutungsvoll ist für die ganze Welt. Jesus ist nun zum Herrn der ganzen Welt eingesetzt (Phil 2, 6–11) und alle, die zu ihm gehören, haben Hoffnung auf das ewige Heil (vgl. 1 Kor 15).

> Mit der Auferstehung Jesu beginnt die neue Welt Gottes. Sie berechtigt den Menschen zur Hoffnung auf das Leben.

3.5.3 Der Osterglaube

Die Auferstehung gehört nicht zu den „diesseitigen" Eeignissen, sondern ist ein Geschehen, durch das Jesus in eine neue, dem Leiden und den irdischen Bedingungen nicht mehr unterworfene Welt eingeht. Der irdische Mensch hat deshalb auch keinen Einblick in diese Welt, es sei denn, diese neue Welt macht sich dem Menschen gegenüber bemerkbar. In diesem Sinn ist Ostern auch kein Ereignis der irdischen Geschichte, sondern ein Geschehen, das nur erfaßbar ist, wenn Gott es dem Glaubenden offenbart. Als Form dieser Offenbarung wählt der Auferstandene die Erscheinungen beim Mahl, da diese Umgangsweise aufgrund des irdischen Lebens Jesu den Jüngern vertraut ist. Die Erscheinungen des Auferstandenen sind Begegnungen, in denen Jesus sich den Jüngern gezeigt hat. Allerdings waren diese Begegnungen so überraschend, daß die Jünger Mühe hatten, Jesus zu erkennen.

Der Glaube an die Auferstehung Jesu von den Toten beruht auf der Begegnung der ersten Zeugen mit dem Auferstandenen. Ihr Zeugnis „stellt heute noch jeden Leser der Heiligen Schrift vor die Entscheidung, das Bezeugte anzunehmen oder abzulehnen" (J. Kremer).

Eine Bekräftigung findet der Osterglaube, wenn die Botschaft der Auferstehung in Verbindung mit dem AT und dem irdischen Leben Jesu gesehen wird. Viele Aussagen des AT über einen leidenden Gerechten, der von den Menschen verfolgt, aber durch Gott sein Recht erhält, oder über einen Gerechten, der für die Menschen Sühne leistet (etwa Jes 53), sind Hinweise auf eine Gestalt, in der Leiden und Rettung durch Gott endgültig werden. Der atl. Glaube an den lebendigen und geschichtsmächtigen Gott findet im Glauben an die Auferstehung Jesu seinen kraftvollsten Ausdruck (vgl. auch Röm 4). Nach Lk 24 ist es der Auferstandene selbst, der seinen Jüngern die Augen für das AT und für sein Leiden und seine Auferstehung öffnet. Er tut dies, indem er ihnen die Zusammenhänge zwischen seiner Person und dem Wirken Gottes im AT darlegt. So entdecken die Jünger im Auferstandenen die geheime, bis dahin verborgene Mitte des AT.

Auch der Rückblick auf das irdische Leben Jesu kann den Glauben an die Auferstehung stärken: die Botschaft der Hoffnung, die Jesus gebracht hat, findet ihre Vollendung in der Botschaft von der Auferstehung Jesu. Ostern erklärt, besonders nach der Auffassung des Evangelisten Markus, das ganze Leben des irdischen Jesus.

Der Osterglaube der Jünger entsteht in der Begegnung mit dem Auferstandenen.
Der Glaube des heutigen Menschen ist verwiesen auf das glaubwürdige Wort der ersten Zeugen.

Literaturhinweise

J. Kremer, Die Osterevangelien – Geschichten um Geschichte. Stuttgart 1977 **
H. Schlier, Über die Auferstehung Jesu Christi. Einsiedeln 1968
U. Wilckens, Auferstehung. Das biblische Zeugnis historisch untersucht und erklärt. Gütersloh 1974 *

3.6   Die Evangelien von der Kindheit Jesu

Die Texte über Geburt und Kindheit Jesu (Mt 1–2; Lk 1–2) erschließen sich, wenn sie in jener Haltung gelesen werden, in der sie verfaßt wurden: Diese Erzählungen sind die Meditation einer gläubigen und lobenden Gemeinde über das Geheimnis Jesu. Der Rückblick auf das gesamte Wirken Jesu und der Glaube an seinen heilswirkenden Tod und seine Auferstehung führen zu einer theologischen Vertiefung der Auffassungen über den Ursprung Jesu. Die Erzählungen von der Kindheit Jesu gehören so zur Frohen Botschaft.

3.6.1 Die Botschaft der Kindheitsevangelien

Führung Gottes für Jesus (Mt 1–2)

Mt deutet Geburt und Kindheit Jesu für seine Gemeinde im Licht jener Führung, die Gott schon im Alten Bund seinem Volk gewährt hatte. Nun bringt Gott selber die Geschichte seines Volkes zur Vollendung:

Als Sohn Davids (Mt 1, 1) ist Jesus der verheißene König, der Rettung bringt; als Nachkomme Abrahams (Mt 1, 1) ist er des Segens und der Verheißung Gottes sicher. Jesus steht in der Generationenfolge seines Volkes, verbunden mit Gerechten und Sündern, und doch herausgenommen aus der Menschheit durch die geistgewirkte Empfängnis im Schoß der Jungfrau (Mt 1).

In der Kindheit Jesu – einer Kindheit voller Wunder – wiederholt und erfüllt sich das Geschick des alttestamentlichen Gottesvolkes; diese Kindheit ist geradezu eine Zusammenfassung der Heilsgeschichte: Jesus wird verfolgt (Mt 2, 1–18) wie Mose in Ägypten; er kommt, wie das Volk Gottes, aus Ägypten (Mt 2, 15). In dieser Kindheit ist auch vorausgenommen, was im Leben Jesu und in der urchristlichen Gemeinde geschehen wird: abgelehnt von seinem eigenen Volk, wird Jesus von den Heiden anerkannt (Mt 2, 1–12).

Wie das AT die Geschichte der Führung Gottes für sein Volk ist, so sind auch diese beiden Kapitel eine wunderbare Führungsgeschichte. Sie erklären, wer Jesus ist und wie er geboren wurde: Jesus ist der verheißene „Gott-mit-uns", geboren aus der Jungfrau Maria; sie erklären, woher und wann er gekommen ist: aus Bethlehem und aus Ägypten in den Tagen des Königs Herodes.

> Die Botschaft von Mt 1–2:
> Jesus ist der verheißene Gott-mit-uns.
> In ihm kommt die Geschichte Gottes mit seinem Volk zur Vollendung.

Gott besucht sein Volk (Lk 1–2)

Lk beschreibt in seinem Kindheitsevangelium, das sich in vielen Punkten von dem des Mt unterscheidet, Geburt und Kindheit Jesu als Besuch Gottes bei den Menschen: Gott denkt an seine Barmherzigkeit und erinnert sich seiner Verheißungen (Lk 1, 54 f und 1, 70).

In Jesus begegnet die Güte und Menschenfreundlichkeit Gottes den Menschen, besonders gilt diese Güte den Armen und Entrechteten. So sind auch die Personen, die in der Kindheitsgeschichte als die Empfänger des Heils auftreten, einfache und arme Menschen: Maria, die Mutter Jesu; die Hirten; alte Menschen wie Zacharias und Elisabeth, Simeon und Anna. Die Begegnung zwischen Jesus, dem Retter und den Menschen, deren Darstellung ein Hauptthema des Lk-Evangeliums bildet, geschieht schon am Beginn des irdischen Lebens Jesu.

Lukas erzählt auch die Kindheitsgeschichte des Täufers Johannes. Seine Geburt ist von Wundern begleitet; doch wird seine Person weit überboten durch die Gestalt Jesu.

Für seine Darstellung wählt Lukas die Form des Lobes: in die Erzählung dieser Kindheit sind mehrere Loblieder aufgenommen, die den Dank der Empfänger für das Heil ausdrücken: das Loblied der Muttergottes (Magnificat), das Lied des Zacharias (Benedictus) und der Dank des Simeon. So zeichnen diese Kapitel das Wirken Gottes und die dankbare Haltung der Menschen; besonders die Gestalt Mariens ist gezeichnet als Verkörperung der glaubenden christlichen Gemeinde.

Lk 1–2 schildert:
Gott besucht die Menschen.
Einfache und glaubende Menschen nehmen den „Sohn des Allerhöchsten" in Freude und Dankbarkeit auf.

3.6.2 Die Erzählweise

Dem Leser, der sich mit diesen Texten abgibt, stellen sich verschiedene Fragen: Haben sich die Ereignisse wirklich so abgespielt, wie Mt und Lk es berichten? Sind wirklich Engel erschienen? u. ä.
Zum rechten Verständnis ist die Erzählweise zu berücksichtigen, die hier verwendet wird. Auch wenn diese Texte beim ersten Lesen wie Tatsachenberichte aussehen, könnten sie, aufgrund einer damals üblichen Schreibweise, etwas anderes sein. Zwei Eigentümlichkeiten der Umwelt Jesu sind zu bedenken: anstelle von Definitionen (wie wir sie etwa verwenden würden) setzen Orientalen nicht ungern Erzählungen; und: im Judentum der Zeit Jesu hat man besonders in den Erzählungen von der Kindheit großer Männer viele wunderbare Einzelheiten erzählt, um deren Bedeutung ins rechte Licht zu setzen. Besonders von der Geburt des Mose wurden viele wunderbare Begebenheiten (Engelserscheinungen, Rettungswunder) erzählt, die jedoch nicht in der Bibel stehen.

Die Bedeutung großer Männer wurde zur Zeit Jesu nicht durch Definitionen, sondern durch die Erzählung wunderbarer Begebenheiten, die sich bei ihrer Geburt ereignet hatten, dargestellt.

Auch die Kindheitsgeschichten des Mt und Lk schließen sich diesem Verfahren an: sie sind kein Protokoll über Geburt und

Kindheit Jesu, sondern Texte, die in engem Anschluß an atl. Aussagen durch anschauliche Erzählungen Ursprung und Wesen Jesu darstellen. Allerdings sind die evangelischen Texte nicht Ausschmückung älterer biblischer Texte, sondern stützen sich auf eine konkrete Person und auf konkrete Fakten. Die Fakten, auf die die Evangelisten zurückgreifen können, betreffen den Namen Jesu, die Orte Nazaret und Betlehem, die den beiden Evangelisten vorliegenden Traditionen über die Geburt Jesu aus der Jungfrau durch das Wirken des Gottesgeistes. Diese wesentlichen Fakten des Lebens Jesu werden durch Erzählungen theologisch gedeutet.

> Die Kindheitsgeschichten sind nicht Protokolle, sondern verkünden in anschaulicher Form:.
> Dieses Kind kommt von Gott her und erfüllt die Erwartungen der Menschen

Die Kindheitsevangelien bilden eine jüngere Schicht der neutestamentlichen Texte. Sie setzen die Osterereignisse und eine längere Reflexion über Jesus Christus voraus. Die Gemeinden, in denen diese Botschaft weitergegeben wird, stehen dem jüdischen Denken noch nahe.

Literaturhinweise

R. Laurentin, Struktur und Theologie der lukanischen Kindheitsgeschichte. Stuttgart 1967 **
E. Nellessen, Das Kind und seine Mutter. Stuttgart 1969 **
A. Vögtle, Messias und Gottessohn. Herkunft und Sinn der matthäischen Geburts- und Kindheitsgeschichte. Düsseldorf 1971 *

Leben und Werk des Apostels Paulus

Die ältesten Schriften des NT stammen vom Apostel Paulus. Seine Briefe sind Zeugnisse seines Gespräches mit den Gemeinden. Im Apostel Paulus sind Aufgabe und Person zu einer Einheit zusammengewachsen: seine Person steht ganz im Dienst seiner Berufung zum Heidenapostel und ist nur von daher zu verstehen.

Während Jesus keine schriftlichen Dokumente hinterlassen hat, kennen wir Paulus aus eigenen Schriften. Teilweise kann auch die Apostelgeschichte als Quelle über ihn benützt werden.

1 Paulus – berufen zum Apostel

1.1 Paulus in Selbstzeugnissen

In einer Reihe von Aussagen beschäftigt sich Paulus mit seiner Lebensgeschichte und mit seiner eigenen Person. Die wichtigsten Stellen seien als eine Art Lesehilfe im folgenden angeführt. Freilich sind die Briefe des Paulus keine Selbstbiographie im eigentlichen Sinn, denn in ihnen geht es Paulus vor allem um seine Sendung und seinen Auftrag. Er spricht jedoch häufig von sich selbst, allerdings immer im Zusammenhang mit seiner Aufgabe: In der Auseinandersetzung mit Gegnern, die seine apostolische Würde bezweifeln, verteidigt er seine Stellung (besonders Gal und 2 Kor). Er sieht sein Leben geradezu als einen beispielhaften Fall, wie das Evangelium wirksam wird (Paulus als Vorbild: 1 Thess 1, 6; 2, 14f; Teilnahme am Todesleiden Christi und der Herrlichkeit: 2 Kor 4, 8–18); er versteht sich als einen unmittelbar von Gott beauftragten Offenbarungsträger (Gal 1–2). Die Briefe sind auch Quellen, aus denen wir seine Theologie erfassen. Sie sind jedoch nicht Lehrbücher, sondern stehen im Dienst der missionarischen Verkündigung.

> Die Person des Paulus und sein Evangelium sind unlösbar miteinander verbunden.
> Deshalb schreibt Paulus im Kampf um die Wahrheit des Evangeliums oft über sich selbst.

Gal 1–2: Apostel aufgrund einer Offenbarung

In Gal 1–2 setzt sich Paulus mit Gegnern auseinander, die seine Autorität als Apostel anzweifeln. Er weist nach, daß er ohne Vermittlung durch Menschen von Gott selber aufgrund der Offenbarung seines Sohnes zum Apostel berufen und zu den Heiden gesandt ist. Die Unabhängigkeit von Menschen und auch von den Aposteln in Jerusalem legt Paulus dar durch eine Reihe von Beispielen aus seinem Leben, in denen sich seine Unabhängigkeit und sein Eintreten für die Heiden gezeigt hat. Paulus ist gleichberechtigter Offenbarungsträger neben den Aposteln von Jerusalem, bemüht sich jedoch um die Einheit der Kirche aus Juden und Heiden. Seine Vergangenheit beschreibt er: „Ich habe die Kirche verfolgt."

> Die Berufung des Paulus erfolgt in einer Offenbarung. In ihr zeigt Gott ihm seinen Sohn und beauftragt ihn für das Evangelium unter den Heiden.

1 Kor 15: Zeuge der Auferstehung

Die Begegnung mit dem Auferstandenen ist grundlegend für das apostolische Amt des Paulus (wenn er auch als letzter den Herrn gesehen hat). Das begründet seine Würde, obwohl es auch zu seiner Lebensgeschichte gehört, daß er die Kirche verfolgt hat. Dieses Sehen und Verufenwerden ist mehr als ein privates Ereignis, es ist eine Berufung zum Amt. (Vgl. 1 Kor 9, 1: „Bin ich nicht Apostel? Habe ich nicht den Herrn gesehen?")

> Paulus versteht sein Berufungserlebnis vor Damaskus als Begegnung mit dem Auferstandenen.

Phil 3: Neue Gerechtigkeit

Für den Verfolger der Kirche vollzog sich eine völlige Umwertung aller Werte: Der Heilsplan Gottes sieht vor, daß der Mensch nur dann vor Gott bestehen kann, wenn er sich im Glauben an Christus hält. Das Pochen auf die eigene Gerechtigkeit nützt nichts. Zugleich erkennt Paulus, daß er selbst auf dem Weg zur Vollendung ist, die noch aussteht. An dieser Stelle (vgl. auch 2 Kor 11, 22) erzählt Paulus von seiner Vergangenheit.

> Durch die Berufung erkennt Paulus:
> nur durch den Glauben kann der Mensch vor Gott recht dastehen.

Kol 1, 23–2, 5: Im Dienst der Hoffnung

In einer vertieften Schau seiner Sendung sieht Paulus den Sinn seines Amtes darin, das „Geheimnis" Gottes den Menschen zu verkünden. Dieses Geheimnis bedeutet „Christus in euch, die Hoffnung auf die Herrlichkeit".

> Gott offenbart durch Christus sein Geheimnis. Paulus ist beauftragt für die Verkündigung dieses Geheimnisses.

2 Kor 10–13: Teilnahme am Todeslos Christi

In 2 Kor beschreibt Paulus das Wesen des Apostolates als Wirken in Zeichen, Wundern und Taten, und doch auch zugleich als Teilnahme an der Schwäche und am Todeslos Christi (2 Kor 1, 3–10; 4, 8–18; 11, 22–12, 13).

> Apostelsein bedeutet für Paulus: in seiner ganzen Existenz teilnehmen an Tod und Auferstehung Jesu.

Eine Zusammenfassung seines apostolischen Sendungsbewußtseins findet sich Röm 1, 1–17 und 15, 14–33: Über die schon genannten Eigentümlichkeiten hinaus stellt Paulus hier klar heraus, daß sein Amt Fortführung des Heilsplanes ist, den Gott schon im AT durch seine „Knechte", die Propheten, verkünden ließ.

Paulus sieht seine Person in folgenden Zusammenhängen:

Ich habe den Herrn gesehen 1 Kor 9, 1; 15, 8
durch Offenbarung Jesu Christi Gal 1, 12
Gott offenbarte mir seinen Sohn Gal 1, 16

Apostel Gal 1, 1   gerufen Gal 1, 15
1 Kor 9, 1; 15, 9   Paulus   „ergriffen" Phil 3, 12
2 Kor 10–13
Verkünder des   Erfahrung von
Evangeliums   Gnade   Seine Vergangenheit
Gal 1, 11; 2, 7   1 Kor 15, 10   Verfolger der Kirche
Röm 1, 1   Gal 1, 15; 2, 9   1 Kor 15, 9; Gal 1, 13;
Kol 1, 23   Röm 1, 5; 12, 3;   Phil 3, 6
Röm 15, 16   15, 15   Eifer für das Gesetz
                       1 Kor 3, 10   Phil 3, 6
                                            Hebräer 2 Kor 11, 22;
                                              Phil 3, 5
                                            Nachkomme Abrahams
                                              2 Kor 11, 22
                                            Gesetzesgerechtigkeit
                                              Phil 3, 9

Vgl. Apg 9; 22; 26
(Berufung des Paulus)

1.2 Paulus als Verfolger der Kirche

Die erste Verfolgung von Christen durch ihre jüdischen Mitbürger entstand aufgrund der kritischen Haltung, die eine Gruppe von Christen dem jüdischen Gesetz gegenüber einnahm. In der Gemeinde von Jerusalem gab es eine Gruppe, die sich eng an jüdische Eigenart anschloß und die Befolgung des Gesetzes und des Beschneidungsgebotes verlangte (vgl. etwa Apg 15, 1–5). Eine andere Gruppe war von „Hellenisten", griechisch sprechenden, aus der Diaspora stammenden und in Jerusalem wohnenden Juden gebildet.

Der Wortführer dieser zweiten Gruppe, der Hellenisten, ist Stephanus. In dieser Gruppe wurde die Kritik Jesu am Gesetz und am Tempel aufgenommen. Nur dieser Teil der Gemeinde wird verfolgt (Apg 8, 1), während die erste Gruppe, die sich eng an das Gesetz hielt, nicht verfolgt wurde. Im Zug dieser Verfolgung kam es zur Gründung einer griechischen (heidenchristlichen) Gemeinde in Antiochien (Apg 11, 20). Paulus selbst gehörte zu den Verfolgern jener Gruppe, die dem Gesetz freier gegenüberstand. Für ihn als überzeugtem Pharisäer bestand der Grund des Ärgernisses wohl darin, daß eine Gruppe von einfachen, unwürdigen, im Gesetz nicht gebildeten Leuten sich als die Heilsgemeinde ausgab (zur Zeit wurden solche Leute in Palästina von den Pharisäern als Amhaarez bezeichnet: die Ungebildeten, die es mit dem Gesetz nicht so ernst nehmen). So steht die Frage der Gesetzesbefolgung am Beginn seiner Begegnung mit dem Christentum. Im Augenblick seiner Berufung erfährt Paulus, daß diese gesetzeskritische Gemeinde recht hat. Daß sich Paulus gerade dieser Gruppe anschloß, ist für seine ganze Theologie entscheidend geworden. Der zweite Grund, warum Paulus die Christen verfolgte, bestand darin, daß die Christen durch ihre Lehre von der alleinigen Heilsbedeutung des Kreuzes die Überzeugung der Juden, daß nur die Beobachtung des Gesetzes Heil vermitteln kann, hinfällig machte. Wegen dieses Kreuzes (in seiner ganzen Heilsbedeutung gesehen) werden die Christen verfolgt (Gal 6, 12–16; Phil 3, 18f). Bloß der Umstand, daß die Christen in Jesus den Messias sahen, dürfte wohl kein hinreichender Grund für eine Verfolgung gewesen sein (vgl. Apg 8, 1).

Paulus verfolgte die Kirche vor allem deshalb, weil die Anhänger Jesu die Bedeutung des Gesetzes gefährdeten.

1.3 Die wichtigsten Ereignisse im Leben des Paulus

Aus den Briefen und aus der Apg lassen sich wichtige Daten des Lebens des Paulus erheben:
Saul (mit griechischem Namen: Paulus) ist aus hebräischer Familie in Tarsus in Zilizien (Kleinasien) geboren. Vom Vater ererbt er das römische Bürgerrecht. Die Stadt Tarsus selber war ein Mittelpunkt des Handels, der Philosophie und religiöser Bewegungen. In seinem Vaterhaus lernt Paulus die Überlieferungen seines eigenen jüdischen Volkes kennen. In Jerusalem eignet er sich eine vertiefte Kenntnis des jüdischen Gesetzes und der Methoden gelehrter Schriftauslegung an. Bezüglich der Gesetzeserfüllung schließt er sich der Gruppe der Pharisäer an. Einige Jahre nach dem Tod Jesu wurde er auf dem Wege nach Damaskus zum Apostel Jesu Christi berufen. Paulus sieht in dieser Begegnung, die aus einem Verfolger der Kirche einen Apostel macht, das entscheidende Ereignis seines Lebens.
Die genaue Datierung der Ereignisse des Lebens des Paulus ist in der Forschung umstritten. Ein sicheres Datum ist 51 n. Chr., das Jahr, in dem Gallio Statthalter der Provinz Achaia war. Vor diesen Statthalter wurde Paulus am Ende seines (ersten) Aufenthaltes in Korinth gebracht (Apg 18). Der Aufenthalt des Paulus in Korinth ist also 49–51 anzusetzen. Von diesem chronologischen Fixpunkt aus sind die übrigen Daten der Wirksamkeit des Paulus nach rückwärts und vorwärts festzulegen. Die Aufeinanderfolge der Ereignisse ist einigermaßen sicher (vgl. Gal 1), nicht jedoch deren genaue (absolute) Datierung.
Im folgenden werden die Ergebnisse angeführt, zu denen zwei be-

deutende Einführungswerke kommen. Die Unterschiede erklären sich aus der je verschiedenen Beurteilung der uns erreichbaren Angaben:

W. G. Kümmel, Einleitung in das Neue Testament (Heidelberg 1973) 219:

„Bekehrung	31/32 n. Chr.
1. Besuch in Jerusalem	34/35
Aufenthalt in Syrien und Kilikien	34/35–48
Apostelkonzil	48
1. Reise nach Kleinasien und Griechenland	48–51/52
2. Reise nach Kleinasien und Griechenland	51/52–55/56
Eintreffen in Jerusalem	ca. 55/56

Von da an sind chronologisch einigermaßen sichere Angaben nicht mehr zu machen, da wir nicht wissen, wie lange der Prozeß des Paulus in Caesarea gedauert hat. Daß Paulus nach seiner zweijährigen römischen Gefangenschaft (Apg 28, 30) wieder freikam und noch nach Spanien reiste (vgl. Röm 15, 24; 1 Clem 5, 7), bleibt ebenso eine nur wahrscheinliche Annahme wie das römische Martyrium (unter Nero?, vgl. 1 Clem 5, 7; 6, 1).

A. Wikenhauser–J. Schmid, Einleitung in das Neue Testament (6., völlig neu bearbeitete Auflage, Freiburg 1973) 397:

„. . . ergibt sich folgende, nicht auf jeweils ein Jahr genau bestimmbare Chronologie:

Bekehrung Pauli (3 + 14 Jahre vor dem Apostelkonzil, Gal 1, 19; 2, 1)	32–33 n. Chr.
Erster Besuch in Jerusalem drei Jahre nach der Bekehrung	um 34
Aufenthalt in Syrien und Phönizien	34/35 bis ca. 44
Erste Missionsreise	zwischen 46 und 49
Apostelkonzil	49
Zweite Missionsreise durch Kleinasien und Griechenland	49 bis Herbst 52 oder 53
Dritte Missionsreise	Frühjahr 53 oder 54 bis Frühjahr 58
Verhaftung in Jerusalem	an Pfingsten 58
Gefangenschaft in Cäsarea	58–60

S. 395: nach alten römischen Zeugnissen führte Paulus die geplante Reise nach Spanien (Röm 15, 24) aus. Sein Martyrium fällt nach allen alten Nachrichten noch in die Regierungszeit Neros zwischen dem Beginn der neronischen Christenverfolgung (64) und dem Tod Neros (68)."

1.4 Die Missionstätigkeit des Paulus

> Wichtiger Text: 2 Kor 11, 22–33

Paulus arbeitet sehr zielbewußt an der Missionierung der Welt. Sein Plan erstreckt sich vom Osten bis zum äußersten Westen: die Heidenmission geht vor allem von der Gemeinde von Antiochien am Orontes (Syrien) aus.

Anhand einer Landkarte geben einige Texte das Bild einer erstaunlichen Tätigkeit des Paulus: Apg 13, 4–21, 17; 1 Thess 2, 1–12; 2 Kor 11, 22–33; Röm 1, 8–17; 15, 17–24.

Diese weltweite Mission (vgl. Röm 1 und 15) konnte Paulus durchführen, indem er jeweils in den wichtigsten Zentren Gemeinden gründete. Von dort würde das Evangelium seinen Weg zu den umliegenden Gegenden finden (vgl. 1 Thess 1, 7). Begleiter und Mitarbeiter setzten die Arbeit des Paulus fort (vgl. Röm 16) und ließen die Verbindung zwischen Paulus und den Gemeinden nicht abreißen (vgl. 1 Thess 3, 1–6; 2 Kor 7, 5–7). Zu konkreten wichtigen Fragen nimmt Paulus auf seinen Besuchen oder durch Briefe Stellung (vgl. 2 Kor 2, 1–4; und überhaupt die Briefe an die Gemeinde von Korinth).

Missionsreisen des Apostels Paulus
± 35 n. Chr.   Berufung
                           Aufenthalt in „Arabia"
                           Jerusalem
                           Syrien und Zilizien

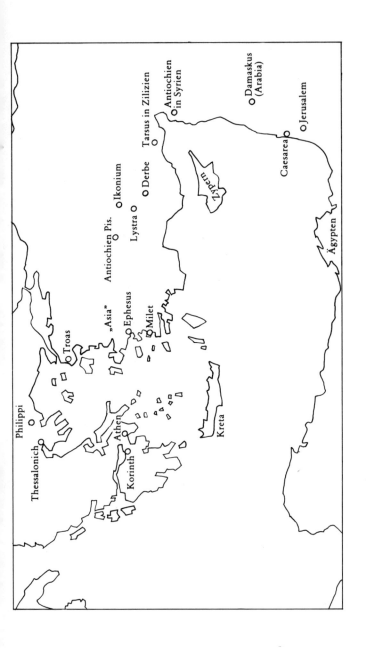

46–49: 1. Missionsreise	Antiochien in Syrien
	Zypern
	Antiochien in Pisidien
	Lystra und Derbe
	zurück nach Antiochien
	Texte:
	Gal 1, 15–24
	Apg 13, 4–14, 28
49: Apostelkonzil in Jerusalem	Texte:
	Gal 2, 1–10
	Apg 15, 1–35
49–52: 2. Missionsreise	„Asia"
	Troas
	Philippi
	Thessalonich
	Beröa
	Athen
	Korinth und zurück
	nach Antiochien
	Texte:
	1 Thess 2, 2; 3, 1
	Apg 15, 36–18, 23 a
53–58 (?): 3. Missionsreise	Ephesus (2 Jahre)
	über Mazedonien
	nach Korinth (2 Besuche)
	über mehrere asiatische Städte
	nach Jerusalem
	Texte:
	1 Kor 16, 8
	2 Kor 2, 12 f; 7, 5 f
	Röm 15, 25–27
	Apg 18, 23 b–21, 26
60 (?): Fahrt nach Rom als Gefangener	
	Texte:
	Apg 21, 27–28, 31

1.5 Quellen der Theologie des Paulus

In seinem theologischen Denken verbindet Paulus das Erbe des jüdischen Volkes mit der Botschaft von Jesus Christus. Die für das Denken des Paulus entscheidenden Stätten sind Tarsus, Jerusalem, Antiochien, Damaskus. Man könnte diese Stätten auch in etwa „Quell-Orte" seiner Theologie nennen. Die Quellen der Theologie des Paulus sind:

- Die Begegnung mit dem Auferstandenen (vor Damaskus).
- Der Glaube Israels an Gott als Schöpfer und Befreier des Volkes, der Glaube an die Auferstehung der Toten und die sittlichen Lehren des Judentums (Jerusalem).
- Die Inhalte des Glaubens der Urkirche, etwa die Überlieferungen von der Eucharistie und vereinzelte Jesusworte (Antiochien).

1.5.1 Paulus und Jesus

Zentral ist für Paulus die Botschaft von Tod und Auferstehung Jesu. Vom irdischen Jesus allerdings berichtet Paulus nur wenig: die Einsetzung der Eucharistie (1 Kor 11), Herrenworte (1 Thess 4). Warum Paulus dem vorösterlichen Wirken Jesu so wenig Augenmerk schenkt und ob er in seiner mündlichen Predigt ausführlicher über den irdischen Jesus gesprochen hat, wissen wir nicht. Der Hauptunterschied zwischen der Verkündigung Jesu und der des Paulus besteht darin, daß Jesus sich als den Verkünder der Gottesherrschaft angesehen hat, die in Wort und Tat in seiner Person angebrochen ist, während die Urgemeinde und mit ihr Paulus den Tod und die Auferstehung Jesu als die entscheidenden Heilstaten Gottes ansehen. Von dieser neuen heilsgeschichtlichen Situation aus denkt Paulus: Er ist der Bote dieses Jesus, der durch die Auferstehung Herr der Welt ist.

Übereinstimmung besteht zwischen Jesus und Paulus im Gottesbild. Gott ist dem Sünder gnädig und macht Rettung nicht von menschlicher Leistung abhängig. Für Jesus und Paulus (nach seiner Bekehrung) ist Gott besonders ein Gott der Armen, auch jener, die das Gesetz nicht kennen und nicht beobachten können. Beide stimmen in der kritischen Haltung gegenüber dem Gesetz überein. Während für Jesus Vergebung der Sünden in der Umkehr und in der Gemeinschaft mit ihm bestand, begründet Paulus die Vergebung und Versöhnung im Kreuzestod und in der Auferstehung.

> Paulus weiß sich als beauftragten Boten Jesu Christi, des Herrn.
> Paulus verkündet den barmherzigen Gott Jesu Christi und ist wie Jesus dem Gesetz gegenüber kritisch eingestellt.

1.5.2 Urkirchliche Kurzformeln des Glaubens in den Paulusbriefen

Die ersten christlichen Gemeinden haben wichtige Themen des christlichen Glaubens in kurzen Glaubenssätzen zusammengefaßt. Paulus übernimmt diese Glaubenssätze und macht sie zu einem bedeutsamen Teil seiner Verkündigung. Sein ganzes Denken ist geprägt von diesen „Kurzformeln des Glaubens".

Das Bekenntnis von Tod und Auferstehung

> Christus starb für unsere Sünden,
> wie es die Schriften gesagt haben, und wurde begraben.
> Er ist am dritten Tag auferweckt worden,
> wie es die Schriften gesagt haben, und erschien dem Kephas,
> dann den Zwölf
> (1 Kor 15, 3–5; vgl. auch Röm 4, 25).
> Gott hat ihn von den Toten auferweckt
> (1 Thess 1, 9 f; Röm 8, 11; 10, 9; Gal 1, 1).
> Er starb für uns
> (Röm 5, 8; 14, 15).

Dieses Bekenntnis verkündet den Anbruch der neuen Welt in der Auferstehung Jesu Christi. Gott erweist sich in der Auferweckung seines Sohnes als ein Gott der Lebendigen (vgl. Röm 4). Vom auferstandenen Christus her erklärt Paulus die christliche Existenz:

— In der Taufe wird der Christ mit Christus auf den Tod begraben und soll in einem neuen Leben wandeln. Die volle Teilnahme am Leben Christi liegt freilich erst in der Zukunft (Röm 6).

— Von Tod und Auferstehung Jesu her läßt sich auch die apostolische Existenz verstehen: Der Apostel hat teil am Todesleiden Jesu, um die Gemeinde zu trösten und ihr Leben zu spenden. Der Apostel weiß, daß auch er mit den Gläubigen auferweckt werden wird (2 Kor 4, 8–15).

— Das Geschehen von Tod und Auferstehung Christi wirft Licht auf das Verhältnis von Zeit und Ewigkeit: jetzt stehen wir im Leiden, doch wer mit Christus mitleidet, wird auch Anteil an seiner Herrlichkeit erhalten und dem „Sohn" gleichgestaltet (Röm 8).

In der Formel von Tod und Auferstehung wird meist die Bezeichnung „Christus" (und nicht „Sohn") verwendet.

Christus ist bei Paulus ein Eigenname, nicht mehr ein Titel („Gesalbter") und bezeichnet den Vollbringer des Heilswerkes.

Der Huldigungsruf: Herr ist Jesus (Röm 10, 9)

Das Herr-Sein Jesu bedeutet:

— Jesus Christus ist der Herr, dem die Gemeinde im Gottesdienst begegnet und den sie als ihren Herrn bekennt (Kol 2, 6 f).

— Jesus Christus ist der Herr, dem die Christen als „Sklaven" dienen. Die Mahnungen enthalten deshalb oft den Zusatz: im Herrn (Eph 5, 21–6, 9; Kol 3, 17).

— Christus ist durch die Auferweckung Herr des ganzen Kosmos geworden: Gott hat Jesus zum Herrn – Kyrios eingesetzt (vgl. Phil 2, 6–11). Hier hat Herr in etwa die Bedeutung: messianischer König.

„Herr ist Jesus"

> Herr der Gemeinde
> Herr der ganzen Welt

Formel von der Sendung und Hingabe des Sohnes

> Nach Gal 4, 4 f:
> Gott hat seinen Sohn gesandt,
> damit wir das Recht der Sohnschaft erlangten.
> Nach Röm 8, 32:
> Gott hat seinen eigenen Sohn nicht geschont,
> sondern ihn für uns dahingegeben.

In dieser Formel wird immer die Bezeichnung „Sohn" verwendet. Dadurch ist ausgedrückt, daß Gott selber für das Heil der Menschen sorgt. Hier wird ein besonderer Aspekt des Versöhnungswillens Gottes sichtbar: „Als geliebter, Gottes Liebe aufnehmender und bis zur Hingabe seines Lebens liebender Sohn hat Christus das Versöhnungswerk vollbracht" (Schnackenburg). Für Paulus ist der Sohnestitel der wichtigste christologische Titel, der die einzigartige Stellung Christi ausdrückt. Die höchste Würde des Christen besteht darin, an dieser Sohneswürde Anteil zu haben.

1.5.3 Paulus und das Alte Testament

Denk- und Schreibweise des Paulus sind geprägt von seiner Kenntnis des Alten Testamentes. Als Schüler der Schriftgelehrten wendet er auch noch als Christ die Methoden rabbinischer

Schriftgelehrsamkeit an. Seine Auslegung des AT geht von der Überzeugung aus, daß das Kommen Christi das entscheidende Ereignis der Geschichte ist. So liest er das AT als eine Geschichte, deren geheimes Ziel und deren Vollendung Christus ist. Trotz der Auffassung, daß die alttestamentliche Heilsordnung mit Christus zu Ende ist (vgl. Röm 10, 4; Gal 3, 23–25), weiß Paulus, daß das AT Christus und sein Evangelium vorherverkündet hat (vgl. Röm 1, 2; 3, 21). Als Christ entdeckt nun Paulus, daß auf allen Seiten des AT Aussagen über Christus zu finden ist.

In seiner Auslegung des AT benützt Paulus nicht eine historisch-kritische Methode, d. h. ihm geht es nicht darum, herauszuarbeiten, was die ursprünglichen Autoren gemeint haben; er benützt vielmehr die Methoden der Schriftgelehrten: Sätze des AT werden aus dem Zusammenhang herausgerissen; ja, selbst Teile von Sätzen werden als Beweisstellen benützt. Jedes Wort ist für diese Auslegung bedeutsam. Gal 3, 16 ist ein Beispiel dieser Auslegung: Die Verheißung ist an Abraham und seinen Nachkommen ergangen. Daß vom Nachkommen nur in der Einzahl gesprochen wird, ist nach Paulus auch bedeutsam: denn dieser einzige Nachkomme ist Christus. Auch der Umstand, daß Abraham vor der Beschneidung glaubte und ihm dies zur Gerechtigkeit vor Gott angerechnet wurde, ist nach Paulus bedeutsam: Paulus schließt daraus, daß es auch ohne Beschneidung eine Gerechtigkeit des Menschen vor Gott gibt (vgl. Röm 4, 1–12).

1.5.4   Die Umwelt des Paulus

Das Missionsprogramm und die Wirksamkeit des Paulus nimmt Rücksicht auf die Welt, die ihn umgibt. Paulus selbst stammt aus einer jüdischen Familie aus Tarsus, einem Zentrum griechischer Bildung. Das Judentum war gleichzeitig hoch geachtet wegen seines Glaubens und der Strenge des Gesetzes und gehaßt wegen seiner Fremdheit.

Paulus beginnt seine Predigt in den einzelnen Städten in der Regel in den Synagogen der Juden. In vielen Städten des Römischen Reiches gab es jüdische Gemeinden. In der programmatischen Zusammenfassung von Röm 1, 16f bestätigt Paulus, daß die Frohe Botschaft zuerst zu den Juden gebracht wird. Wenn die Juden diese Botschaft ablehnen, geht Paulus zu den Heiden (vgl. die Schilderungen Apg 13–14; 28, 16–31).

Auf den Missionsreisen begegnet Paulus überall den Zeugen römischer Macht: Kaiserliche Inschriften künden (etwa in Ankyra, dem heutigen Ankara, oder in Antiochien in Pisidien), daß ein Zeitalter des Friedens angebrochen ist und daß (so berichtet eine Inschrift in Priene) vom Kaiserhaus „Frohe Botschaften" ergehen. An die durch die Römer vereinigte Welt bringt Paulus seine Botschaft. Aufgrund seiner Gefangenschaft dringt diese Botschaft sogar in das Prätorium, die Residenz politischer Beamter (Phil 1, 13; unsicher ist allerdings, ob es sich um Rom, Ephesus oder Cäsarea handelt). Paulus gründet Gemeinden in den Zentren des Reiches, etwa Philippi, Thessalonich, Korinth. Von diesen Zentren breitet sich, wie Paulus weiß (vgl. schon 1 Thess 1, 7f) die Botschaft durch die ihr innewohnende Kraft und das Zeugnis der ersten Christen von selber aus.

Die religiöse Umwelt ist vielfältig: Viele Religionen werben um Anhänger: Wanderphilosophen und Prediger östlicher Gottheiten, etwa des Isiskultes aus Ägypten oder der Muttergottheit Kybele aus Kleinasien, wenden sich mit ihrer Botschaft auf den Marktplätzen der Städte an erlösungshungrige Menschen. 1 Thess 2 entwirft ein anschauliches Bild davon, wie sich Paulus mit ihrer Botschaft und ihren mitunter betrügerischen Praktiken auseinandersetzen muß.

2   Form und Zweck der Briefe des Paulus

Im NT werden 13 Briefe unter dem Namen des Apostels angeführt (Hebr nennt den Autor nicht). Sie werden entsprechend ihrer stilistischen und sprachlichen Eigenart und der in ihnen enthaltenen Theologie in Gruppen zusammengefaßt:

Hauptbriefe:	Röm	enthalten die Hauptgedanken
	1 Kor	der paulinischen Theologie
	2 Kor	
	Gal	
Kleine Briefe	1 Thess	
	2 Thess	
	Gefangenschaftsbriefe:	
	Eph	Paulus nennt sich
	Phil	in diesen Briefen:
	Kol	Gefangener
	Phlm	
Pastoralbriefe	1 Tim	enthalten pastorale Weisungen
	2 Tim	an kirchliche Vorsteher
	Tit	

2.1 Die Form

Paulus schreibt die Briefe in der Form, in der zu seiner Zeit im vorderen Orient Briefe geschrieben wurden.

Am Anfang, im sogenannten Präskript, steht der Name des Schreibers, des Empfängers und ein Wunsch (vgl. 1 Thess 1, 1). Es folgt in fast allen Briefen der Dank an Gott (vgl. 1 Thess 1, 2). Das Anliegen, um dessentwillen der Brief geschrieben wurde, wird meist eingeführt mit der Bemerkung: Ich bitte, ermahne euch (vgl. 1 Thess 4, 1; 1 Kor 1, 10). Den Schluß des Briefes bilden Grüße und manchmal ein eigenhändiger Gruß des Paulus (Gal 6, 11–18; Kol 4, 18). Es kann auch ein Gruß des Schreibers angefügt sein (Röm 16, 22).

In diese aus der Umwelt übernommene Briefform werden christliche Inhalte aufgenommen. Der Wunsch des Briefes ist der Wunsch nach Frieden und Gnade als den messianischen Heilsgütern. Der Dank ergeht an Gott wegen des guten Standes der Gemeinden, meist wird für die göttlichen Tugenden der Gemeinde gedankt. Ein schönes Beispiel der Art, wie Paulus die Briefform verchristlicht und auch die Probleme im Lichte Christi sieht, ist der kurze Philemonbrief. Dieser sicher echte Brief zeigt auch etwas von der menschlich herzlichen und reifen Güte des Apostels.

Aufbau der Briefe des Paulus

Paulus an . . . Begrüßung und Segenswunsch
Ich danke . . . Dankbare Erinnerung an die Gemeinde
Ich ermahne/ermutige euch . . . Unterweisung
Die Gnade des Herrn sei mit euch . . . Schlußgruß

2.2 Die Schreibweise des Paulus

Der Stil des Paulus ist nicht glatt und gefeilt; die Fülle der Gedanken, die Leidenschaft und Ergriffenheit sprengen oft die Gesetze der Grammatik. Gerne bedient er sich der sogenannten „Diatribe", jener Methode, welcher sich die Wanderphilosophen bedienten, wenn sie ihre Weisheit den Leuten aus dem Volk nahebringen wollten: es ist eine sehr lebhafte Unterhaltung, der Redner stellt sich die Gegner vor und disputiert fragend und Einwände erhebend (vgl. Röm 2, 1–3; 3, 1). Häufig führt Paulus seine Sätze nicht zu Ende (was in der Auslegung Schwierigkeiten ergibt). Manchmal schreibt Paulus Hymnen voll dichterischer Kunst (1 Kor 13: das Hohelied von der christlichen Liebe; Röm 8, 31–39: Gesang von der christlichen Heilsgewißheit aufgrund des Vertrauens; die Briefe an die Kolosser und Epheser sind stark in hymnisch-liturgischer Sprache abgefaßt); dann wieder ist sein Ton sehr schroff (vgl. Phil 3, 2).

Die Sprache des Paulus ist so sehr persönlich geprägt, vor allem in den theologisch dichten Briefen, daß jedesmal zu fragen ist, was Paulus in seiner Denk- und Sprechweise meint. Verschiedene Ausdrücke bedeuten nämlich bei Paulus nicht unbedingt das, was wir heute darunter verstehen oder was sie in seiner Umwelt bedeutet haben (z. B. Gerechtigkeit, Gesetz).

> In der Auslegung der Paulusbriefe ist zu beachten, daß die
> Sprechweise des Paulus stark persönlich geprägt ist.

2.3 Zweck der Briefe

Die Briefe des Paulus sind Briefe im eigentlichen Sinn, in denen
Paulus die Verbindung mit seinen Gemeinden aufrechterhält
und den Gemeinden auch als Abwesender tatkräftig wirkend zur
Seite steht (vgl. etwa 2 Kor 2, 1–4 und 2 Kor 10, 10f). Die Briefe
sind persönliche Erinnerung und Dank für den Zustand der Gemeinde (etwa 1 Thess 1–3), Tröstung in bedrängenden Fragen,
etwa zum Los der Toten (1 Thess 4), Antwort auf Anfragen (besonders 1 Kor); Stellungnahmen gegenüber den Gefährdungen
der Gemeinden (um das rechte Evangelium in Gal), Unterweisung,
Darlegung und Übersicht über sein Evangelium (Röm), Bitte für
einen entlaufenen Sklaven (Phlm). Diesen Anliegen entsprechend
sind die Inhalte der Briefe eher zufällig zu nennen. Sie beabsich-
tigen nämlich nicht, eine Dogmatik des Glaubens zu schreiben,
sondern geben konkrete Antworten auf auftauchende Fragen: sie
sind Gelegenheitsschriften.

> Die Briefe des Paulus sind Gelegenheitsschriften: in seiner
> Abwesenheit von den Gemeinden nimmt Paulus Stellung
> zu konkreten Problemen.

2.4 Die Echtheit der Paulusbriefe

Obwohl die 13 Briefe unter dem Namen des Paulus überliefert
sind, ist die Frage entstanden, ob diese Briefe tatsächlich von
Paulus stammen. Daß es überhaupt zu dieser Frage kommen
konnte, beruht auf deutlich feststellbaren Unterschieden in Stil
und Theologie der Briefe. Zwei Beispiele seien erwähnt. Der
Epheserbrief ist in feierlicher liturgischer Sprache abgefaßt. Ein

persönliches Verhältnis des Paulus zu dieser Gemeinde, in der Paulus doch mehrere Jahre gewirkt hat, ist nicht greifbar. Thema ist die Kirche Christi, die Juden und Heiden umfaßt. Wegen dieser in anderen Paulusbriefen nicht so deutlichen Inhalte und wegen des geänderten Stils nehmen einige Forscher an, ein Paulusschüler habe den Brief verfaßt (zum Teil wird dies auch für Kol angenommen).

Unterschiede in Sprache und Theologie der unter dem Namen des Paulus überlieferten Briefe haben die Frage entstehen lassen, ob tatsächlich alle Briefe von Paulus stammen.

Aus den Pastoralbriefen tritt ein ganz „anderer" Paulus entgegen: Nicht mehr die in den Hauptbriefen zentralen Gehalte wie Offenbarung, Bund, Gottes Gerechtigkeit, Liebe Christi, Freiheit, Kreuz stehen im Mittelpunkt, sondern „Frömmigkeit, Besonnenheit, gesunde Lehre, gutes Gewissen". Auch handelt es sich nicht mehr um leidenschaftliche Auseinandersetzung, sondern um Warnung und Ablehnung der Irrlehrer. Die Gemeindestruktur dieser Kirchen ist fest eingerichtet (Episkopen, Presbyter, Diakone). Es kommt bei all diesen Überlegungen über die Echtheit der Briefe darauf an, wie groß man die Wandlungsfähigkeit eines Schriftstellers beurteilt: Wie weit kann ein Schriftsteller seine Schreibweise und seine Auffassungen weiterentwickeln oder auch ändern? Einige Forscher sind der Meinung, auch große Unterschiede in Stil und Inhalt ließen sich aus der Wandlungsfähigkeit des Paulus erklären; andere hingegen meinen, die in den Briefen feststellbaren Unterschiede würden auf verschiedene Autoren hinweisen.

Forscher, die eine große Entfaltung des paulinischen Denkens annehmen, sind eher geneigt, alle Briefe als von Paulus stammend anzunehmen.

Im einzelnen ist natürlich der Nachweis zu erbringen, ob eine Schrift von Paulus stammt, oder ob wichtige Gründe dagegen sprechen. Wichtiger als die Entscheidung selbst, ob ein Brief von Paulus stammt oder nicht, ist die genaue Feststellung der Unterschiede und Übereinstimmungen zwischen den Briefen. Denn diese genaue Feststellung ist für das Verständnis der Briefe auf jeden Fall wichtig.

> Als sicher echt gelten in der Forschung: die Hauptbriefe Röm, 1 und 2 Kor, Gal und Phil, Phlm und 1 Thess.

Nicht ganz einstimmig sind die Auffassungen zu Kol und 2 Thess. Von vielen Forschern wird Eph als nachpaulinisch bezeichnet. Von den meisten Forschern werden die Pastoralbriefe als nicht paulinisch bezeichnet.

Für den Glauben der Kirche sind alle Briefe, ob sie nun von Paulus stammen oder nicht, in gleicher Weise normativ als Zeugnis des Glaubens der Urkirche: sie bieten eine bestimmte inspirierte Sehweise des Geheimnisses Christi.

Wenn einige Briefe, obwohl sie mit dem Namen des Paulus überschrieben sind, nicht von Paulus stammen, werfen diese „falschen Verfasserangaben" Probleme auf: es ist doch Lüge, unter fremdem Namen (auch wenn es aus guter Absicht geschieht) Werke herauszugeben. Die Zuschreibung an einen apostolischen Verfasser beruht auf der Auffassung: nur was schon am Anfang (also etwa zur Zeit des Paulus) gesagt wurde, ist normativ für die Kirche. Moralische Bedenken (etwa zur gebotenen Wahrhaftigkeit) kannte man anscheinend nicht. Die Forschung hat die diesbezüglichen Probleme noch nicht völlig aufgearbeitet.

2.5 Hinweise zum Verstehen der Paulusbriefe

Die Briefe des Paulus lesen heißt, am Gespräch des Paulus mit seinen Gemeinden beteiligt sein. Von diesem Gespräch kennen wir allerdings nur die Aussagen des einen Gesprächspartners, eben des Paulus. Manchmal geht aus den Briefen nicht recht deutlich hervor, welches nun eigentlich das genaue Anliegen der Gemeinde war oder welche Probleme vorhanden waren. Zum Verstehen dieser Briefe ist zu berücksichtigen:

Der dialogische Charakter dieser Briefe: In den Briefen geht Paulus auf konkrete Fragen ein, die ihm von den Gemeinden gestellt werden. Wenn auch manche konkrete Weisungen des Paulus heute nicht mehr gelten, wie z. B. 1 Kor 8 (die Frau soll ihr Haupt in der Kirche verhüllen), geben sie doch Richtlinien, wie auch heute konkrete Fragen vom Glauben her gelöst werden können. Die Korintherbriefe sind besonders lehrreich, wie christliches Leben in einer heidnischen Umwelt sich vollzieht.

> Paulus gibt Antwort und Weisung für konkrete Situationen. Dies weist auf den zufälligen Charakter der Briefe.

Der persönliche Charakter dieser Briefe: Die Theologie des Paulus ist mit seiner Erfahrung gesättigt. Paulus ist nicht nur persönlich engagiert, sondern sieht seine Person auch als ein Musterbeispiel an, wie sich Heil ereignet. So sind die Briefe in den Kategorien seiner Erfahrung abgefaßt. Die Verquickung von Sache und Person wirft manche Fragen auf.

> Die Auslegung hat die Einheit von Person des Paulus und der von ihm vertretenen Sache zu berücksichtigen.

Der theologische Charakter: In der Mitte des theologischen Denkens des Paulus steht die Botschaft von Tod und Auferstehung. Von hier aus löst Paulus alle Probleme, die sich ihm stellen.

Paulus überdenkt konkrete Probleme aus der Mitte des Glaubens.

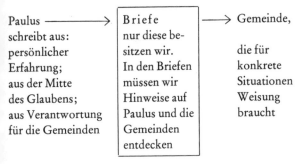

3 Grundbegriffe paulinischer Theologie

Paulus beschreibt die Heilstat Christi mit Bildern und Wendungen, die aus dem Alten Testament stammen und dort Ausdruck für die Erfahrungen des atl. Gottesvolkes sind. Erst auf dem Hintergrund des AT werden diese auch uns geläufigen Ausdrücke anschaulich und gewinnen tieferen Sinn.

3.1 Erlösung – Rettung

Paulus bezeichnet die Heilstat oft als Erlösung – Rettung. Das Volk des AT hat das Heilstun Gottes als Befreiung aus der Knechtschaft Ägyptens erfahren. Diese Befreiung bedeutet zugleich, daß es ein von Jahwe geliebtes Volk wurde, das Gott für sich erworben hat und das mit ihm verbunden ist (Ex 6, 6; 15, 13; Ps 74, 2; 77, 15f; Jes 43, 1). Durch die Rettung wurde das Volk Gottes Eigentum (Jes 43, 1). An diese Erfahrung knüpft Paulus an mehreren Stellen an (Röm 3, 24; 1 Kor 1, 30; Kol 1, 14).
Im Begriff der Erlösung ist ausgedrückt, daß Gott ohne jeden anderen Grund außer seiner Liebe die Menschen zu seinen Kindern macht, wie er das atl. Volk aus Ägypten befreit hat, damit es sein Volk würde.

> Vollendung der dem Volk Israel geschenkten Befreiung aus der Knechtschaft und Versöhnung mit Gott.

Mit dem Ausdruck „Annahme an Kindes Statt" (Röm 8, 15; Gal 4, 6) ist ein Sachverhalt gemeint, den schon das AT kennt, auch wenn es nicht diesen Namen gebraucht: Gott hat dieses Volk auserwählt, er ist dessen Gott geworden, und das Volk ist nun sein Sohn (Ex 4, 22 f; Jer 3, 19).

> Vollendete Erlösung bedeutet: an Wesen und Gestalt des Sohnes Gottes teilzuhaben (Röm 8, 29).

3.2 Heil

> Wichtiger Text: Röm 1, 16 f

Eine Zusammenfassung der Botschaft bietet der theologisch äußerst dichte Satz Röm 1, 16 f. Hier faßt Paulus zusammen, was die ersten christlichen Gemeinden erfahren haben: das Evangelium dringt überall hin und wirkt sich wunderbar aus; es ist kein leeres Wort, sondern geschieht in Macht, heiligem Geist und Fülle (1 Thess 1, 5). Wer diese Botschaft annimmt, ist dem kommenden Zorn entrissen und erfährt Rettung (1 Thess 1, 10). In der Verkündigung des Evangeliums ist den Menschen die gnädige Zuwendung Gottes geschenkt (vgl. zum Begriff der „Gerechtigkeit Gottes" die Ausführungen weiter unten). Die endgültige Rettung wird erst bei der Wiederkunft Jesu Christi geschenkt, doch sind wir schon auf Hoffnung hin gerettet (Röm 8, 24). Entscheidend für das Heil des Menschen ist allein das Tun Gottes, nicht die eigene Leistung.

> Das Evangelium:
> Macht Gottes zur Rettung für jeden, der glaubt;
> in ihm enthüllt sich nämlich Gottes Gerechtigkeit aus Glauben zum Glauben.

3.3. Die neue Schöpfung

Um die Heilstat Christi zu kennzeichnen, kann Paulus nicht nur an die Erfahrung des Volkes Israel in der Befreiung anknüpfen, sondern auch an das Wissen des Volkes um die Schöpfung: In Christus wird eine neue Schöpfung (2 Kor 5, 17, Gal 6, 15).

Das durch Adam in die Welt eingebrochene Verhängnis wird durch Christus überreich besiegt (Röm 5; 1 Kor 15), sodaß nun alles Geschaffene auf das Offenbarwerden der Söhne Gottes wartet (Röm 8, 19).

> Durch die Heilstat Gottes geschieht am Menschen eine solche Erneuerung, daß nur der Ausdruck „Schöpfung" diese Wirklichkeit richtig verstehen läßt.

3.4 Gerechtigkeit Gottes

Einer der wichtigsten Ausdrücke paulinischer Theologie ist ebenfalls nur vom AT her verständlich: Gerechtigkeit Gottes. In unserer Sprache meint Gerechtigkeit Gottes jene Haltung Gottes, aufgrund der er das Gute belohnt und das Böse bestraft. Dieser so verstandenen Gerechtigkeit steht die Barmherzigkeit Gottes gegenüber. Im Sinn des Paulus und des AT jedoch ist Gerechtigkeit Gottes gleichbedeutend mit jener Haltung, durch die Gott treu ist und Heil schafft (vgl. Ps 22, 31 f; 98, 2 f; 143, 1 f). Das Heilstun Gottes an seinem Volk ist Offenbarung seiner so verstandenen Gerechtigkeit. Daß Gott gerecht ist, bedeutet also, daß Gott

trotz der Untreue des Menschen sich selbst und seinen Verheißungen treu bleibt und durch Jesus Heil schafft: Gott sorgt selbst
dafür, daß der Mensch vor ihm bestehen kann. Eine solche Gerechtigkeit Gottes ermutigt zur Hoffnung.

Wichtiger Text: Röm 3, 21–26

„Gottes Gerechtigkeit ist offenbar geworden" (Röm 3, 5). Dieser
Satz bedeutet: In Jesus Christus ist Gottes Güte und Liebe offen-
bar geworden. Kraft dieser Gerechtigkeit spricht und macht Gott
den sündigen Menschen gerecht, sodaß er vor ihm bestehen kann.
Es handelt sich also wesentlich um ein „schöpferisches" Ge-
rechtsprechen. Freilich muß der so aus Gnade gerechtfertigte
Mensch auch ein letztes Gericht bestehen, in dem er nach den
Werken beurteilt wird (Röm 2, 5f; 1 Thess 3, 13; 1 Kor 1, 8). Diese
Werke sind jene, die der in der Liebe wirksame Glaube wirkt (Gal
5, 6).

Gerechtigkeit Gottes

Im heutigen Sprachgebrauch:
Belohnung des Guten und Bestrafung des Bösen.

Für Paulus:
Bundestreue Gottes, das barmherzige Verhalten Gottes,
durch das Gott den sündigen Menschen umwandelt, sodaß er vor Gott recht – in Ordnung dasteht.

3.5 Freiheit von Gesetz und Sünde

Als Kennzeichen des neuen christlichen Menschen gibt Paulus an:
Freiheit von Gesetz und Sünde. Mit dem Stichwort „Gesetz" faßt
Paulus – hier ist die persönlich gefärbte Sprache des Denkens be-

sonders zu beachten – eine Reihe von persönlichen Erfahrungen und Reflexionen über den Menschen zusammen:

- Paulus sieht, daß die Juden, die sich doch auf das Gesetz berufen, Christus ablehnen. So entdeckt Paulus einen Gegensatz zwischen Gesetz und Christus.
- Judenchristen, darunter auch Petrus (Gal 2), möchten verhindern, daß Heidenchristen und Judenchristen miteinander essen, denn Juden werden durch gemeinsames Essen mit Heiden rituell verunreinigt. Das Gesetz, so entdeckt Paulus, verhindert, daß die Kirche eins ist.
- Menschen, denen das Gesetz alles gilt, übersehen leicht, daß es im letzten nicht auf das eigene Tun ankommt, sondern auf die Gnade und das Geschenk Gottes. So verleitet das Gesetz die Menschen zur Selbstgerechtigkeit.
- Der Mensch ist sehr anfällig für die Sünde, und Juden und Heiden leben in Verblendung und Ungehorsam gegen Gott.

Auch wenn das Gesetz, zumal das Gesetz des AT, von Gott kommt und somit gut ist, ist es, solang es als etwas Äußerliches an den Menschen dringt, für den dem Egoismus verfallenen Menschen eher eine Provokation zum Bösen als eine Hilfe. Die Macht der Sünde und die Provokation durch das Gesetz kann sich deshalb so auswirken, weil der Mensch „entsprechend dem Fleisch" lebt. Das bedeutet für Paulus: Der Mensch ohne die Gnade ist sich selbst so sehr entfremdet und verloren, daß er sich auf Dinge einläßt, die seinen tiefsten Erwartungen und seiner eigentlichen Berufung widersprechen. Diese Entfremdung und Sinnlosigkeit wird erst durch den Glauben entlarvt.

Gott und Mensch nach Paulus

Kein Mensch kann das Gesetz, auch wenn es von Gott kommt, völlig erfüllen.
Das Gesetz kann nur für den Leben bringen, der es ganz erfüllt (was unmöglich ist).

Die göttliche Verheißung des Heiles an alle Völker steht über dem Bund mit Israel.

Mit dem gesetzlichen Leben ist die Gefahr der Selbstgerechtigkeit vor Gott und den Menschen gegeben.

Rechtfertigung, d. h. Gerechtsprechung und Gerechtmachung des Menschen vor Gott geschieht allein durch Gott.

Schon im AT stellten sich die Propheten die Frage, ob es je eine Zeit geben könnte, in der Israel sich restlos an den Willen Gottes übereignen würde. Die Antwort der Propheten (Jer 31, 31–34; Ez 36, 24–28) ist die, daß Gott durch ein Wunder den Menschen zu einem vollkommenen Gehorsam befähigen wird, indem der Gotteswille den Menschen nicht mehr von außen trifft, sondern Gott ihm seinen Willen direkt ins Herz legt. „Der Mensch wird in seinem Herzen den Willen Gottes tragen und wird nur noch Gottes Willen wollen" (G. von Rad). Die gleiche Antwort gibt Paulus in Röm 8 und Gal 4: Gott sendet seinen Geist, der uns zu Söhnen und damit zu neuem Gehorsam fähig macht. Solcher vom Geist gewirkter, zugleich aus dem Innersten des Menschen kommender Gehorsam läßt die Frucht des Geistes erwachsen: Liebe, Freude, Frieden, Geduld (Gal 5, 22–24). So lebt der Christ nicht schlechthin gesetzlos, sondern sein Glaube wird in der Liebe wirksam (Gal 5, 6). Diese Liebe ist die Erfüllung des ganzen Gesetzes (Gal 6, 2).

Wichtiger Text: Gal 5, 13–6, 6

3.6 Glaube als Antwort des Menschen

Die vom Menschen geforderte Antwort auf Gottes Wort und das Angebot der Gnade nennt Paulus Glauben. „Glauben" bedeutet nicht in erster Linie ein Für-wahr-Halten von Sätzen, sondern eine persönliche Beziehung des Menschen zu Gott: der Mensch verläßt sich auf Gott. Diesem Vertrauen steht die Selbstgerechtigkeit gegenüber, die alles aus eigenem vollbringen zu können meint. Mit Nachdruck sagt Paulus: durch den Glauben und nicht aufgrund seiner „Werke", seiner Leistung steht der Mensch in der rechten Beziehung zu Gott.

Das Vorbild des Glaubens ist Abraham, der Stammvater des Volkes Israel: obwohl er alt war und auf keinen Nachkommen mehr hoffen konnte, glaubte er der Verheißung Gottes, daß ihm ein Kind geschenkt würde. „Abraham glaubte, und das wurde ihm zur Gerechtigkeit angerechnet" (Gal 3, 6; Röm 4, 3). Paulus zitiert hier eine Stelle aus dem AT (Gen 15, 6), die ihm ein Schlüssel zum Verständnis von Gottes Vorgehen und menschlicher Haltung ist. Auch für Christen ist solcher Glaube die richtige Haltung: „Auch uns will Gott annehmen, wenn wir uns auf ihn verlassen. Er hat ja auch Jesus, unseren Herrn, aus dem Tod zum Leben erweckt" (Röm 4, 24).

> Wichtiger Text: Röm 4

Die Auffassung des Paulus, daß der Mensch von sich aus nichts Gutes vollbringen könne, beruht auf der Erfahrung des Paulus: die Heiden erkennen, wie er feststellen muß, Gott nicht an und sind ihrem verworfenen Denken ausgeliefert; die Juden haben zwar das Gesetz, doch halten sie sich nicht daran und lehnen Jesus ab (vgl. Röm 1, 18–2, 29).

Wer mit Christus verbunden ist, erlangt seine Gerechtigkeit nicht aus Werken. Der Glaube ist jedoch nicht etwas Totes, sondern im Leben wirksam: wer glaubt und mit Christus verbunden ist, ist zu einem Leben in der Liebe zum Nächsten befähigt: der Glaube ist durch die Liebe wirksam (Gal 5, 6).

4.1   1 und 2 Thess: Hoffnung auf die Nähe des Herrn

1 Thess: Der Dank des Apostels für die Gemeinde

> 1 Thess ist die älteste Schrift des NT: geschrieben 51/52 nach Christus.

Die Eigenart dieses Briefes läßt sich am besten mit dem Ausdruck: Der Apostel und seine Gemeinde wiedergeben (Schlier). Nach der kurzen Begrüßung (1, 1) folgt ein dankbarer Rückblick (1, 2–3, 13): Paulus spricht vom vorbildlichen Glauben dieser Gemeinde und versichert sie seiner Verbundenheit. Dreimal wird der Dank aufgenommen: 1, 2; 2, 13; 3, 9. Die Mahnungen sind allgemeiner Art und erlauben kaum einen Rückschluß auf die Zustände in der Gemeinde. Die Mahnungen sind gebildet aus Jesusworten (4, 9) und atl. Weisungen zur Heiligkeit, Worten der Ermutigung zur Hoffnung, daß die Christen Anteil haben am Heil (4, 13–5, 1), Mahnungen für das Gemeindeleben. Den Schluß bilden Segen und Gruß des Paulus (5, 23–28).

Aufbau

> Begrüßung (1, 1)
> Dankbare Erinnerung an die Gemeinde (1, 2–3, 13)
> Mahnung und Ermutigung (4, 1–5, 22)
> Schlußgruß und -segen (5, 23–28)

Den ganzen Brief durchzieht der Gedanke der Parusie: die Gemeinde erhofft die baldige Wiederkunft des Herrn. Aus dieser Erwartung entsteht in der Gemeinde auch die Sorge um die Verstorbenen: werden diese auch an der Herrlichkeit der Parusie

(Wiederkunft) teilnehmen? Paulus erklärt der Gemeinde, daß alle, die Toten und die bei der Parusie noch Lebenden, Anteil haben werden an der Parusie des Herrn. Alle werden dann immer beim Herrn sein (1 Thess 4, 13–18).

> Die Gemeinde lebt in der Hoffnung auf die baldige Wiederkunft des Herrn.

2 Thess: Bestimmt zur Herrlichkeit

2 Thess nimmt Stellung gegen eine beängstigende Form, die die Naherwartung angenommen hatte. Paulus weist die Gemeinde darauf hin, daß die Endzeit nicht unmittelbar bevorsteht, sondern sich durch Zeichen ankündigt (2, 1–12). Obwohl Paulus die Leiden der Gemeinde als Zeichen der Endzeit sieht, warnt er die Gemeinde vor einer Form der Unruhe, die mit dem unmittelbaren Eintreten der Parusie rechnet. Er begründet seine Mahnung entsprechend den Endzeiterwartungen des Judentums, das sich mit ähnlichen Berechnungen über den Anbruch der messianischen Zeit ausführlich beschäftigt hat. Der genaue Sinn des Textes ist kaum mehr zu erkennen, weil Paulus eine apokalyptisch-dunkle Redeweise verwendet und die Leser an Dinge erinnert, die er ihnen mündlich mitgeteilt hat, die wir jedoch nicht mehr kennen.

Alle Aussagen über das Ende sind jedoch von Paulus hineingenommen in die Überzeugung, daß die Christen als vom Herrn Geliebte zur Herrlichkeit bestimmt sind. Ihre Lebensgeschichte, die durch die Gabe des Heiligen Geistes und den Glauben an das Evangelium gekennzeichnet ist, ist für Paulus Grund zum Dank und Grund zur Hoffnung.

Einige Forscher nehmen an, 2 Thess sei nicht von Paulus, sondern von einem unbekannten Verfasser in engem Anschluß an 1 Thess geschrieben.

4.2 1 Kor: Christliche Gemeinde in heidnischer Umgebung

Paulus hat in Korinth eine christliche Gemeinde aufgebaut. Korinth, Großstadt und Hafenstadt, war reich an wirtschaftlichem, kulturellem und religiösem Leben. Viele Kulte, auch solche orientalischen Ursprungs (Isis- und Serapiskult), prägten die Stadt. Die Stadt selbst war eine lateinische Insel in griechischer Umgebung. Das Christentum fand besonders in den niederen Schichten Anhänger (vgl. 1 Kor 1, 26).

In seinem ersten Brief an diese Gemeinde (geschrieben 53–55) geht Paulus auf viele Probleme einer jungen christlichen Gemeinde ein. Die Bedeutung gewinnt dieser Brief vor allem dadurch, daß Paulus zeigt, wie sich eine christliche Gemeinde in heidnischer Umgebung aufbauen läßt.

Die Probleme der Gemeinde

Spaltungen und Streit in der Gemeinde (1–4)

Ein Fall von Blutschande (5, 1–13)

Rechtsstreitigkeiten, die vor weltlichen Gerichten ausgetragen werden (6, 1–11)

Unzucht (6, 12–20)

Fragen der Ehe und Ehelosigkeit (7)

Freiheit und Pluralismus der Auffassungen in der Gemeinde (8)

Mißstände bei der Eucharistiefeier (10–11)

Gnadengaben in der Gemeinde (12–14)

Frage der Auferstehung Christi (15)

Durchgehend setzt sich Paulus mit dem in der Gemeinde feststellbaren Individualismus und Enthusiasmus auseinander: die Gemeinde hat wunderbare Gnadengaben erfahren (Zungenreden, Heilungen, Prophetisches Wort), doch steht sie in der Gefahr, diese Gnadengaben falsch zu verstehen und Paulus schärft deshalb ein:

— Die Kirche ist nicht eine Ansammlung von einzelnen Charismatikern, die ihr eigenes privates Gottesverhältnis haben, unabhängig von der Gemeinde. Alle Gnadengaben sind gut, sofern sie einen Beitrag für den Aufbau des einen Christusleibes leisten. Die Rücksicht auf den Bruder (Nächstenliebe) kann eine Entartung der charismatischen Begabung verhindern. Höchste Gnadengabe ist die Liebe.
— Gnadengaben sind wertvoll, doch beruht der Glaube nicht auf solchen enthusiastischen Erfahrungen, sondern muß sich immer wieder vom Kreuz Christi her korrigieren lassen.

4.3   2 Kor: Der leidende Apostel

In 2 Kor geht es um die Frage: Woran zeigt sich die Echtheit apostolischer Autorität? In der Gemeinde von Korinth waren Wanderprediger aufgetreten, die durch Zeichen und Wunder wirkten, und darin das Wesen apostolischer Existenz erblickten. Wer sich so ausweisen konnte, war nach ihrer Meinung (und die Gemeinde schloß sich dieser Auffassung an) als Apostel legitimiert. Der Vorwurf gegen Paulus lautete, er könne nichts Vergleichbares aufweisen.

Paulus setzt sich mit diesen Missionären auseinander. 2 Kor gibt uns Einblick in die zum Teil hart geführte Auseinandersetzung. Die heftigsten Worte findet Paulus in 2 Kor 10–13: zwar könnte er auch mit seinen Leistungen prahlen, etwa den Mühen des apostolischen Amtes (2 Kor 11, 11–33), den Gnadengaben (2 Kor 11, 12–13); doch all dies ist nicht das Eigentliche: als echten Apostel weist er sich aus, indem er für Christus Not und Verfolgung erträgt.

Die apostolische Existenz ist gekennzeichnet durch Teilnahme am Leiden Christi.

---

2 Kor 2, 14–7, 4 wird die Würde des Apostels darin gesehen, daß er ein Diener des neuen, durch den Heiligen Geist ermöglichten Bundes ist und an den Todesleiden Christi Anteil hat (3, 1–4, 15).

Laut 2 Kor 1, 1–2, 13; 7, 5–16 hat sich Paulus mit der Gemeinde ausgesöhnt.

Die Beobachtung, daß die Auseinandersetzung zwischen Paulus und seinen Gegnern in den einzelnen Abschnitten des Briefes verschieden heftig geführt wird, und auch, daß von der Versöhnung schon am Beginn berichtet wird, hat manche Foscher zur Annahme geführt, daß 2 Kor eine nachträglich zusammengestellte Sammlung der Korrespondenz zwischen Paulus und der Gemeinde sei.

4.4   Gal: Das gesetzesfreie Evangelium

> Im Galaterbrief kämpft Paulus leidenschaftlich für die „Wahrheit des Evangeliums" (2, 5), d. h. das gesetzesfreie Evangelium.

In zwei großen Gedankengängen beweist Paulus die „Wahrheit des Evangeliums", d. h. die Berechtigung eines gesetzesfreien Evangeliums:

a) die Biographie (Lebensgeschichte) des Paulus selbst zeigt, daß er ein gültig beauftragter Verkünder des Evangeliums ist: seine unmittelbar durch Gott und nicht durch Menschen gewirkte Berufung, seine Unabhängigkeit von Jerusalem, die Anerkennung seiner Sendung zu den Heiden durch die Kirche von Jerusalem und sein Widerstand gegen einen Rückfall in ein gesetzliches Leben zeigen, daß sein Evangelium echt ist (Gal 1–2).

b) Sogar die Schrift, auf die sich die Juden berufen könnten, zeigt, daß der Mensch vor Gott nicht aufgrund seiner eigenen

Leistung, sondern nur aufgrund von Gottes Verheißung gerecht ist. Selbst Abraham, der Vater des Volkes Israel, wurde nicht durch seine Werke, sondern durch seinen Glauben gerechtfertigt. Paulus stellt Übereinstimmung und Vollendung des AT fest: Der glaubende Abraham erhält Verheißung für seinen Nachkommen. Dem wahren Nachkommen Abrahams, Christus (und jenen, die durch den Glauben in Christus sind), ist die Verheißungsgabe, der Hl. Geist (den die Gemeinden von Galatien sogar erfahren haben) geschenkt.

Kennzeichen christlicher Existenz

Ihr seid durch den Glauben Söhne Gottes in Christus Jesus.
Ihr seid einer in Christus.
Ihr seid nicht Sklaven, sondern Söhne.
Gott hat den Geist seines Sohnes in unsere Herzen gesandt, der ruft: Abba – Vater.
Als Sohn bist du Erbe, Erbe durch Gott.
Wenn wir durch den Geist leben, wollen wir dem Geist auch folgen.

4.5 Röm: Das rettende Eingreifen Gottes

Der theologisch dichteste Brief des Paulus ist der Brief an die (ihm noch unbekannte) Gemeinde von Rom. Der Zeitpunkt der Abfassung (56–58 n. Chr.) liegt in einer Übergangszeit. Die Kirchen, die er im Osten gegründet hat, sind soweit gefestigt, daß er sich neuen Gebieten im Westen zuwenden kann. Er plant eine Missionsreise nach Spanien. Zur Verwirklichung seiner Pläne will er die Mitarbeit der Gemeinde von Rom gewinnen. Es ist auch eine Zeit der Krise der Kirche. Das Problem von Heiden- und Judenchristen, also das Problem des gesetzesfreien Evangeliums, taucht wieder in seiner ganzen Größe auf. Paulus hat die Kollekte zugunsten der Gemeinde von Jerusalem durchgeführt und will sie als Zeichen der Ehrenstellung Jerusalems überbringen, doch er ist nicht sicher, ob diese judenchristliche Gemeinde die von ihm durchgeführte Sammlung überhaupt annehmen wird (Röm 15, 30f). Es geht um die Einheit der Kirche. Die Fragen, um die es beim Apostelkonzil in Jerusalem 49 n. Chr. ging, müssen noch einmal besprochen werden, und dazu muß Paulus selbst nach Jerusalem. Als Vorbereitung auf die Begegnung in Jerusalem überdenkt er seine Botschaft, vor allem unter dem Gesichtspunkt, wie die Christusbotschaft sich zum AT verhält.

> Im Römerbrief ist die „Wahrheit des Evangeliums", d. h. das gesetzesfreie Evangelium, neu durchdacht, vertieft und gegen Mißverständnisse abgesichert.

Wichtige Themen des Römerbriefes sind die Sündenverfallenheit der Welt und die Heilsmacht des Evangeliums (1–3), Abraham: Vater des Glaubens (4), Das Gesetz der Sünde und des Todes – die Lebensmacht des Geistes (5–8), Israel im Heilsplan Gottes (9–11) Mahnungen an die Gemeinde (13–15).

> Wichtige Texte: Röm 1, 1–17
> 1, 16f
> 3, 21–26
> 10, 8–17

4.6   Die Gefangenschaftsbriefe

In Eph 3, 1; Phil 1, 7; Kol 4, 18; Phlm 1, 1 spricht Paulus von seiner Gefangenschaft. Der Ort der Gefangenschaft ist umstritten (Ephesus, Cäsarea, Rom). Die Frage der Verfasserschaft wurde schon besprochen.

Phil: Die Mitarbeit der Gemeinde am Evangelium

Mit diesem Brief wendet sich Paulus an jene Gemeinde, mit der er sich am engsten verbunden weiß. Nicht nur hat sich diese Gemeinde vom ersten Tag an gemeinsam mit ihm für das Evangelium eingesetzt (1, 5); nur von dieser Gemeinde hat Paulus eine Unterstützung angenommen, ohne dies als Gefährdung seiner apostolischen Unabhängigkeit zu betrachten (Phil 4, 13–20). Auch in seiner Gefangenschaft macht er sich Sorge um die Gemeinde. Obwohl er bei Christus sein möchte, ist er bereit weiterzuleben, um für die Gemeinde da zu sein. Um die Gemeinde in der Einheit und Liebe zu stärken, zitiert er einen alten Christushymnus, der vom Weg Christi redet: Der Weg der Erniedrigung und der Erhöhung, den Christus gegangen ist, möge der Gemeinde Vorbild sein.

> Wichtiger Text: Phil 2, 5–11

Kol: Christus – Ebenbild des unsichtbaren Gottes

Die Gemeinde von Kolossä fühlt sich von überirdischen Mächten bedroht. Sie glaubt, durch die Beobachtung von Festtagen, von Speisevorschriften und die Verehrung der Engel Heil zu erhalten (vgl. 2, 16–23).

Dieser Gemeinde sagt nun Paulus, daß in Christus, dem Ebenbild des unsichtbaren Gottes, die ganze Fülle göttlichen Lebens wohnt. Wenn sie sich an diesen Herrn hält, ist sie festgegründet und in Sicherheit. Diese Aussage bekräftigt Paulus, indem er einen in der Liturgie verwendeten Hymnus anführt: In Christus und auf ihn hin ist alles erschaffen. Wie schon das AT erkannt hatte, daß die Welt von der Herrlichkeit und Weisheit Gottes umspielt ist (Spr 8, 22–31) und die Weisheit Gottes an der Schöpfung beteiligt war (Weis 7, 24–8, 1), so erkennt die glaubende Gemeinde, daß die Welt von ihrem Beginn bis zu ihrer Vollendung von der Liebe Gottes umfangen ist, die sich in Christus offenbart.

Eph: Die Kirche im Heilsplan Gottes

Eph ist ein hymnischer Lobpreis auf den Heilsplan Gottes. In Christus hat Gott alles vereint, was im Himmel und auf der Erde ist. Durch den Tod Jesu ist die Feindschaft zwischen Juden und Heiden überwunden: Judenchristen und Heidenchristen gehören nun zu dem einen Leib, der Kirche. Christus ist das Haupt der Kirche: in ihn soll die Kirche hineinwachsen.

┌─────────────────────────────────┐
│ Wichtige Texte: Eph 1, 3–23   │
│   4, 15–16   │
└─────────────────────────────────┘

Phlm: Fürsprache für einen Sklaven

In einem kurzen Schreiben an seinen „Mitarbeiter Philemon" bittet Paulus für einen entlaufenen Sklaven: Philemon möge den Sklaven, der zurückkehren möchte, in Güte aufnehmen: als einen geliebten Bruder.

4.7 Die Pastoralbriefe

Die Pastoralbriefe (so genannt, weil sie an „Hirten" von Gemeinden gerichtet sind) enthalten Weisungen, wie die Schüler des Paulus, Timotheus und Titus, die ihnen anvertrauten Gemeinden führen sollen.

In diesen Briefen ist eine bestimmte Gemeindeverfassung vorausgesetzt: es gibt Bischöfe, Diakone, Älteste, Witwen (die mit bestimmten Diensten in den Gemeinden betraut sind). Ihnen legt Paulus ihre Berufspflichten dar, z. B. im „Bischofsspiegel" 1 Tim 3, 1. Dazu treten noch Mahnungen zu einem rechtschaffenen Wandel. Entscheidend ist das Verharren in der gesunden Lehre (die im einzelnen nicht dargelegt wird) und ein Leben in Glaube,

Hoffnung und Liebe. Die Auseinandersetzung mit den Gegnern geht auf deren Lehren nicht näher ein (genannt werden Spekulationen über Abstammungen 1 Tim 1, 4). Der Verfasser ist der Meinung, daß mit diesen Menschen ein Dialog sinnlos ist.

Neben diesen Mahnungen und Pflichtenkatalogen finden sich viele konkrete Notizen über die Person des Paulus und viele verblüffende Anklänge an die Theologie der paulinischen Hauptbriefe.

Die Probleme der Verfasserschaft der Pastoralbriefe wurden im Abschnitt zur Echtheit der Paulusbriefe besprochen.

> Wichtige Texte: 1 Tim 1, 1–17
> 3, 1–7
> 2 Tim 4, 9–18

4.8 Hebr: Christus, der wahre Hohepriester

Der Hebräerbrief ist eine kunstvoll verfaßte und theologisch tiefsinnige Homilie über Christus, den Hohenpriester. Diese Homilie (Hebr 1, 1–13, 21) wurde mit einem kurzen Begleitschreiben (Hebr 13, 22–25) weitergeschickt. Ein Absender ist im Brief selbst nicht genannt. Vielfach wurde er im Umkreis des Paulus gesucht. Hebr deutet den Opfertod Jesu im Licht des Alten Testamentes: Die Gemeinde soll im Eifer erstarken, indem sie aufschaut zum „Gesandten und Hohenpriester, zu dem wir uns bekennen: zu Jesus" (Hebr 2, 1). Der Opferdienst des AT und die damit verbundenen Einrichtungen als Weg der Sühne sind nur ein Schatten und etwas Vorläufiges. Der wahre Hohepriester, der selber heilig und unschuldig ist und mit den Menschen mitleiden kann, ist Jesus. Er hat auch ein Opfer dargebracht, das die Opfer des Alten Bundes weit übersteigt, nämlich sich selbst. So ist durch das Opfer Christi die Versöhnung „ein für allemal" eingetreten. In einer Reihe von Aussagen wird Jesus als die Vollendung des

AT dargestellt: Jesus ist mehr als Mose, mehr als Melchisedek, mehr als die Leviten.

Jesus eröffnet einen neuen und lebendigen Weg (Hebr 10, 19). Diesen Weg sollen die Christen gehen, und auch dafür haben sie viele Vorbilder des AT, vor allem die Patriarchen und andere große Gestalten Israels.

Literaturhinweise

G. Bornkamm, Paulus. Urbanbücherei 119; 1969 *
N. Brox, Paulus und seine Verkündigung. München 1966
M. Dibelius – W. G. Kümmel, Paulus. Sammlung Göschen 1160, 1951 *
G. Eichholz, Die Theologie des Paulus im Umriß. Neukirchen 1960 *
J. Jeremias, Der Schlüssel zur Theologie des Apostels Paulus. Calwer Hefte 115, 1971 *
O. Kuß, Paulus. Die Rolle des Apostels in der theologischen Entwicklung der Urkirche. Regensburg 1971 **
F. Mußner, Theologie der Freiheit nach Paulus. Freiburg 1976 **
B. Rigaux, Paulus und seine Briefe. München 1964 **
H. Schlier, Der Apostel und seine Gemeinde. Auslegung des ersten Briefes an die Thessalonicher. Freiburg 1972 *
H. Schlier, Nun aber bleiben diese drei. Grundriß des christlichen Lebensvollzugs. Einsiedeln 1971 * (Über die göttlichen Tugenden anhand der paulinischen Briefe)
H. Schlier, Grundzüge einer paulinischen Theologie. Freiburg 1978
E. Walter, Fragen an Paulus. Antworten aus gelebter Existenz. Stuttgart 1973

Der Weg der Kirche

1 Der Weg des Evangeliums zu den Völkern
(Lesehilfe zur Apostelgeschichte)

In der Apg stellt Lukas das Werden und Wachsen der Kirche dar. Die Botschaft nimmt ihren Weg von Jerusalem bis an die Grenzen der Erde. Besonders an der Gestalt des Paulus (die Hälfte der Apg handelt von ihm) ist beispielhaft der Weg und das Schicksal der Kirche sichtbar.

Als Hilfe zum Verständnis der Apg werden im folgenden einige Akzente dargestellt, um die es dem Verfasser der Apg geht. Die Zusammenfassung der wichtigsten Ereignisse der Apg hebt die Hauptlinien der Gedankenführung hervor.

1.1 Der Sinn des Geschehens

Der Verfasser der Apg zeigt durch seine Darstellung den „Richtungssinn" des Geschehens: als Historiker im Sinn der antiken Geschichtsschreibung bemüht sich Lukas vor allem, den verborgenen und letzten Sinn der vielen Ereignisse aufzuzeigen. An mehreren Stellen legt Lukas diesen Richtungssinn ausdrücklich dar:

Am Anfang seines Evangeliums (Lk 3, 6) und am Ende der Apg (Apg 28, 28): Alle Welt wird das Heil Gottes schauen. Am Schluß des Evangeliums (24, 47) und am Anfang der Apg (Apg 1, 8) wird ein Programm der Ausbreitung erstellt: Jerusalem – Judäa – Samaria – bis an die Grenzen der Erde.

Die Berufung des Paulus wird in diesem Zusammenhang gesehen: er ist für Lukas der Heidenmissionär schlechthin (Apg 9, 15; 22, 21; 26, 17).

> Der Richtungssinn der Apg
>
> Das Evangelium erreicht das Zentrum der damaligen Welt:
> Rom.
> Paulus ist dort Zeuge des Evangeliums.

Lukas berichtet nicht mehr von den Spannungen und theologischen Kämpfen, die es in der Urkirche gegeben hat, sondern zeigt das Wachsen der Kirche als ein vom Geist machtvoll gewirktes Geschehen. Die Auseinandersetzung zwischen Heidenchristen und Judenchristen ist problemloser geschildert, als es in Wirklichkeit war. Paulus selbst erhält in der Apg (außer 14, 14) nie den Titel Apostel, denn Apostel sind für Lukas nur die zwölf Jünger, die mit dem irdischen Jesus zusammen waren und Zeugen seiner Auferstehung sind (Apg 1, 22). Paulus selbst hat leidenschaftlich um diesen Titel gerungen (Gal 1, 1). Von der Kollekte, die Paulus durch zehn Jahre hindurch in allen Gemeinden organisiert hatte und die er selbst nach Jerusalem brachte, und die er als Zeichen der Einheit der Kirche verstand, weiß die Apg nichts. Zur Kollekte vgl. vor allem Röm 15, 25–32 und Gal 2, 10.

Neben diesen Unterschieden im Paulusbild gibt es jedoch zwischen der Darstellung der Apg und den Selbstaussagen einige wichtige Übereinstimmungen: auch die Apostelgeschichte weiß, daß Paulus vor allem Heidenmissionär ist (Apg 9, 15; 22, 21; 26, 17 f). Ebenso gilt der Apg als wichtigstes Kennzeichen der christlichen Gemeinschaft die Einheit von Judenchristen und Heidenchristen, vor allem beim gemeinsamen Mahl (Apg 10; Gal 2).

Da Paulus in der Auseinandersetzung mit seinen Gegnern schreibt, dürften seine Ausführungen historisch zuverlässiger sein als die verklärende Schreibweise der Apg. In der Auseinandersetzung mit Gegnern ist nämlich größere Genauigkeit hinsichtlich der berichteten Fakten verlangt als in einem geraume Zeit nach den Ereignissen verfaßten Rückblick.

in den Paulusbriefen	in der Apostelgeschichte
heftige Auseinandersetzung um das gesetzesfreie Evangelium	friedlicher Übergang der Botschaft Jesu von den Juden zu den Heiden
„Apostel"	—
Kollekte für Jerusalem	—
Heidenmissionar	Heidenmissionar
„Miteinanderessen"	„Miteinanderessen"

Die Reden der Apg (vgl. etwa Apg 2, 14–36; 3, 12–26, und viele andere) sind nicht Protokolle wirklich gehaltener Reden, etwa des Petrus oder Paulus, sondern vom Verfasser der Apg selbst in der Art der damals üblichen Verkündigung gestaltet. Geschichtlichen Wert haben jedoch die kurzen Angaben der Apg, in denen das „Itinerar", eine Art Stationenverzeichnis der Reisen des Paulus, angeführt wird. Der Vergleich zwischen Apg und Paulusbriefen in dieser Hinsicht zeigt, daß die Reihenfolge der Reisen und Stationen historisch zuverlässig ist.

1.2 Der Inhalt der Apg

Auftrag und Verheißung Jesu (Apg 1)
Jesus selbst unterweist die Jünger in ihrer Aufgabe, Zeugen zu sein, und verheißt ihnen den Heiligen Geist. Im Gebet versammelt, bereiten sie sich auf das Kommen des Geistes vor.

Pfingsten (Apg 2–8)
Zu Pfingsten erfüllten sich die Verheißung Jesu und die Verheißung des AT: in der letzten Zeit schenkt Gott seinen Geist. Mit diesem Ereignis beginnt die Verkündigung der Apostel vor den Juden. In der Pfingstpredigt (Apg 2) gibt Petrus eine Erklärung des Geschehens, verkündet die Botschaft von Tod und Auferstehung (beide Male in engem Anschluß an das AT) und mahnt zu Umkehr. Die Gemeinde wächst rasch, und Lukas stellt in mehreren Zusam-

menfassungen diese Gemeinde der späteren Zeit als Vorbild hin (Apg 2, 42–47; 4, 32–37). Mit der Verkündigung beginnt auch die Auseinandersetzung mit den Juden. Den Höhepunkt erreicht die Auseinandersetzung in der Steinigung des Stephanus (Apg 6–7). Der geschichtliche Hintergrund, der von der Apg allerdings nur andeutend ausgesprochen ist, ist die Tatsache, daß es in der christlichen Gemeinde von Jerusalem eine Gruppe gab, die sich die Gesetzeskritik Jesu zu eigen machte (zu ihnen gehört Stephanus). Diese – und nicht die Apostel – werden verfolgt (Apg 8, 1b). Aus Jerusalem vertrieben, bringen sie die Botschaft bis nach Samaria, Gaza, Cäsarea (Apg 8).

Die Berufung des Paulus (Apg 9)

Der Berufung des Paulus wird von der Apg solches Gewicht beigemessen, daß sie dreimal erzählt wird (Apg 9; 22; 26). Als wesentlicher Zug wird dargestellt, daß Paulus auf dem Weg nach Damaskus dem Herrn begegnet und zum Zeugen für die Heiden bestimmt ist.

Kirche aus Juden- und Heidenchristen (Apg 10 und 15)
Die Taufe des Kornelius (Apg 10, 1–11, 8)

Die Taufe des heidnischen Hauptmanns Kornelius bedeutet einen Wendepunkt in der Geschichte der frühen Kirche. Durch eine Weisung Gottes selbst wird Petrus in das Haus des Heiden geführt. In einer kurzen Rede führt Petrus den Hauptmann und sein Haus in die Botschaft Jesu ein (Apg 10, 34–43). Gott selber greift ein und schenkt den Heiden den Hl. Geist. Petrus läßt sie daraufhin taufen, denn nun weiß er, daß Gott auch Heiden beruft. Für die judenchristliche Gemeinde war dies nicht selbstverständlich, denn Heiden galten als unrein und den Juden war der Umgang mit Heiden verboten. Deshalb weist Petrus in einer eigenen Rede die Gemeinde von Jerusalem auf das von Gott gewirkte Geschehen hin (Apg 11, 1–18). Die Taufe des Kornelius ist der offizielle, von Gott angeordnete und gegenüber Einwänden verteidigte Beginn der Heidenmission, und so der Beginn der Weltkirche.

Die Apostelversammlung in Jerusalem (Apg 15, 1–35)

Die Frage, ob Heiden ohne weiteres Christen werden könnten oder ob sie zuerst die jüdischen Vorschriften auf sich nehmen müßten, war eine wesentliche Frage der frühen Gemeinde. Die entstandenen Streitfragen zwischen der Gemeinde von Antiochien (wo zuerst Heiden in die christliche Gemeinde aufgenommen worden waren und wo die Christen zuerst mit diesem Namen bezeichnet wurden) und Vertretern einer streng judenchristlichen Auffassung wurden auf dem sogenannten Apostelkonzil von Jerusalem ausgetragen. Die Lösung, von der Lukas weiß, bestand darin, daß die Heidenchristen einige Vorschriften (die vom AT auch für Fremdlinge und Heiden im Land Israel vorgeschrieben waren, wie z. B. das Verbot des Blutgenusses) halten sollten. So war ein Zusammenleben zwischen Juden- und Heidenchristen möglich. Wenn Paulus in Gal 2, 6 sagt, daß den Heidenchristen keine Auflage gemacht wurde, so trifft dies historisch gesehen zu. Lukas berichtet wohl von einer Regelung, die in einigen Gemeinden seiner Zeit getroffen war, um das Zusammenleben der beiden Gruppen zu ermöglichen.

Paulus als Missionär (Apg 15, 36–21, 17)

Die Apg zeigt Paulus als den unermüdlichen Missionär, als Gründer und Vorsteher der Gemeinden, der durch Wort und Wunder wirkt. Von den harten Auseinandersetzungen mit den Gemeinden, von denen uns Gal und 2 Kor Zeugnis geben, berichtet Lukas nichts.

Paulus als Zeuge – Der Prozeß des Paulus (Apg 21, 18–28, 31)

Vertreter der Juden lassen Paulus im Tempel verhaften. Die Anklage lautet auf Lehren gegen das Volk, das Gesetz und den Tempel (Apg 21, 27f; so schon gegen Stephanus 6, 11–14). Damit beginnt der Weg des Paulus und des Evangeliums nach Rom. Paulus soll, wie ihm vom Herrn gesagt wurde (Apg 22, 21), auch in der Ferne, in Rom, Zeugnis ablegen für den Herrn. Paulus ist Zeuge in Jerusalem und Rom (Apg 23, 11), vor „groß und klein" (Apg 26, 22).

Die Stationen der Reise, in der Paulus aufgrund seiner Appellation an den römischen Kaiser (als römischer Bürger hatte er dieses Recht) bis nach Rom gelangt, schildert Lukas äußerst anschaulich und kunstreich.

Der Ausgang des Prozesses in Rom ist nicht geschildert, doch schließt die Apg mit den triumphalen Worten: Er verkündete das Reich Gottes und lehrte die Sache des Herrn Jesus Christus mit aller Zuversicht ungehindert.

Literaturhinweise

J. Kremer, Pfingstbericht und Pfingstgeschehen. Stuttgart 1973 **

G. Lohfink, Die Himmelfahrt Jesu – Erfindung oder Erfahrung. Stuttgart 1972

G. Lohfink, Die Himmelfahrt Jesu. Untersuchungen zu den Himmelfahrts- und Erhöhungstexten bei Lukas. München 1971 **

G. Lohfink, Paulus vor Damaskus. Stuttgart 1965 *

K. Löning, Die Saulustradition in der Apostelgeschichte. Münster 1973 **

V. Stolle, Der Zeuge als Angeklagter. Untersuchungen zum Paulus-Bild des Lukas. Stuttgart 1973 **

R. E. Brown (Hrsg.), Der Petrus der Bibel. Eine ökumenische Untersuchung. Stuttgart **

2 Der Weg der Kirche durch die Geschichte
(Die Offenbarung des Johannes)

Das letzte Buch des NT eröffnet den Blick in die Zukunft. Diese Schrift antwortet auf eine für die Christen bedrängende Frage: Wie geht die Geschichte der Welt aus? Als sich Kaiser Domitian (81–96 n. Chr.) den Titel „Herr und Gott" beilegte, und göttliche Verehrung verlangte, bedeutete die Weigerung, den Kaiser als Gott anzuerkennen, Verfolgung für die Christen. Aus dieser Situation und für diese Situation schreibt Johannes (den die Gemeinde schon kennt) ein Trostbuch: Der Weg der Kirche führt durch die Verfolgung hindurch zu einer wunderbaren Vollendung.

2.1 Inhalt

Den ersten Teil (1, 4–3,22) bilden die Selbstvorstellung des Sehers Johannes und sieben Briefe an Gemeinden in Kleinasien. In diesen Briefen richtet der erhöhte Herr durch das Wort des Propheten Zuspruch und Mahnung an die Gemeinden. Die Briefe geben uns Einblick in die konkreten Probleme von Gemeinden, ihre Gefährdung und ihre Bewährung.

Im Hauptteil (4, 1–22, 5) wird der Kampf zwischen Gott und den gottfeindlichen Mächten und der endgültige Sieg Gottes geschildert. Das Geschehen spielt sich auf zwei Ebenen ab: im Himmel und auf der Erde. In einer himmlischen Liturgie wird die Hoheit und Macht Gottes verherrlicht. Die Zukunft und der Lauf der Welt liegt in Gottes Händen, verschlossen in einem Buch mit sieben Siegeln. Nur Jesus Christus, das geschlachtete Lamm, kann dieses Buch öffnen und damit die Auseinandersetzung mit den gottfeindlichen Mächten eröffnen. Sobald vom Thron Gottes her die Endzeit eröffnet ist, beginnt auf Erden die Verfolgung der Gerechten und setzt Verwüstung und Zusammenbruch ein. Die Verfolgung der gottfeindlichen Mächte, dargestellt unter dem Bild eines Drachen, richtet sich gegen die Gemeinde Christi: Am Himmel erscheint ein Zeichen, eine Frau, die kurz vor der Geburt steht (Offb 12). Sie ist Symbol dafür, daß sich, wie durch die Geburt eines Kindes, die Not in Freude wandelt. In dieser wunderbaren Frau werden die Mutter des Messias und die Kirche zusammengeschaut. Die Kinder der Frau, der Messias und die „übrigen Nachkommen, die den Geboten Gottes gehorchen", werden vom Drachen verfolgt, doch in der Wüste, dem Ort der Bewahrung und der Bewährung, wunderbar gerettet. Die Feinde Gottes, die in immer neuen Scharen andringen, werden vernichtet und eine neue Welt entsteht (Offb 21). Die Herrlichkeit dieser Welt kann nur in Bildern ausgesagt werden: es ist ein neues Jerusalem, eine wunderbare Stadt, das wiederhergestellte Paradies, das neue Volk der Erlösten. Nachdem der Verfasser diese neue Welt dargestellt hat, erinnert er die Leser an die Gegenwart: diese ist geprägt vom Ruf, den die Kirche an Jesus richtet: „Komm, Herr Jesus!"

2.2 Literarische Art

Die Offenbarung des Johannes gehört zu einer Gattung von Schriften, die im Judentum der Zeit weit verbreitet waren, zu den sogenannten Apokalypsen („Enthüllungen"). Als sich das Judentum dem Ansturm des Heidentums ausgesetzt sah, mußte es die neue Lage im Licht des Glaubens überdenken. Die Glaubensüberzeugung „Gott ist Herr der Geschichte" wurde in Erzählungen dargelegt, die den Verlauf der Welt vom Anfang bis zur Vollendung als eine Geschichte von Treue und Untreue, Verfolgung und Rettung erzählten.

Die Schilderung der bedrückenden Gegenwart und der Macht heidnischer Völker geschah nur in verschlüsselter Form: für eingeweihte Leser war es leicht, hinter den Bildern von furchtbaren Tieren die heidnischen Herrscher zu erkennen. Anhand der konkreten Situation, die dem Leser vertraut war, konnte er die Botschaft dieser Bilder verstehen. Eine besondere Rolle spielen in den Schriften der Apokalyptik Zahlenspekulationen. So bedeutet auch die Zahl der 144.000 Geretteten nicht eine genau bestimmte Zahl von Menschen, die gerettet werden können, sondern eine unendlich große Zahl: zwölfmal die heilige Zahl Zwölf (Offb 7, 4). Während in den jüdischen Apokalypsen die Gegenwart als durchwegs verderbt dargestellt wird, sodaß dem Gottesfürchtigen nur die Hoffnung auf eine bessere Zukunft bleibt, weiß der Verfasser der Offenbarung des Johannes, daß das entscheidende Ereignis schon eingetreten ist: das Lamm ist geschlachtet und lebt. Jesus Christus hat also den Sieg schon errungen. So sind die Christen zur Hoffnung berechtigt.

2.3 Die Auslegung der Offenbarung des Johannes

Die Offb ist keine Reportage, in der sich genaue Angaben über geschichtliche Personen und Ereignisse späterer Zeit finden. Zur Schilderung der gottfeindlichen Mächte verwendet der Verfasser Bilder, Zahlen und Symbole, die seinen Lesern (als Eingeweihten) bekannt waren. Wenn heute vielfach diese Zahlen und Symbole auf Gestalten der Weltgeschichte ausgedeutet werden, handelt es sich nicht um eine der Offb entsprechende Auslegung, sondern sehr oft um eine dem biblischen Gedankengang fremde Anwendung auf die Probleme unserer Zeit. Entsprechend den Ausführungen über die Zugänge zur Schrift können solche Deutungen zwar oft auf verblüffende Sachverhalte aufmerksam machen und können auch eine subjektive Überzeugungskraft haben, doch liegt ihnen oft ein unchristlicher Pessimismus zugrunde und zudem besteht die Gefahr, daß sie von der eigentlichen Botschaft der Offb wegführen. Die zentrale Botschaft der Offb verkündet, daß in Jesus Gott der Welt das Heil zugesprochen hat, daß die Welt Hoffnung haben darf.

> Die Offb ist zu lesen als ein Buch der Hoffnung und als Aufforderung zur Treue.

Da die Offb nicht die innerweltliche Zukunft von Welt und Kirche beschreiben will, läßt sich die innerweltliche Zukunft von Welt und Kirche nicht aus der Offb errechnen. Die vielen anschaulichen (häufig aus dem AT stammenden) Bilder drücken den einen Grundgedanken aus: Gott ist Herr der Geschichte.

> Die Offb schildert die Geschichte als Kampf zwischen Gott und den gottfeindlichen Mächten, der mit dem Sieg Gottes endet.
> Der konkrete Verlauf der Welt- und Kirchengeschichte läßt sich daraus nicht errechnen.

Literaturhinweise

H. Gollinger, Kirche in der Bewährung. Eine Einführung in die Offenbarung des Johannes. Aschaffenburg 1973

H. Gollinger, Das große Zeichen von Apokalypse 12. Stuttgart 1971 **
K. P. Jörns, Das hymnische Evangelium. Untersuchungen zu Aufbau, Funktion und Herkunft der hymnischen Stücke in der Johannesoffenbarung. Gütersloh 1971 **
E. Schüssler-Fiorenza, Priester für Gott. Studien zum Herrscher- und Priestermotiv in der Apokalypse. Münster 1972 **

3 Weisung für ein praktisches Christentum
(Die katholischen Briefe)

Sieben mit dem Namen eines Apostels bezeichnete Briefe werden, da sie sich an einen weiteren Empfängerkreis und nicht an einzelne Gemeinden richten, katholische (= allgemeine) Briefe genannt: Jak, 1 und 2 Petr, 1 und 2 und 3 Joh, Jud.

Gegenüber den Briefen des Paulus tritt in diesen Briefen die Darlegung theologischer Sachverhalte zurück; auch sind keine Hinweise auf persönliche Beziehungen zwischen den Absendern und den Empfängern vorhanden. Zentrales Anliegen dieser Briefe ist die Mahnung zu einem Christentum, das sich durch das Tun bewährt: Sorge für die Armen, Warnung vor Zwietracht, Beherrschung der Zunge (Jak), Leidensbereitschaft und Geduld in Verfolgung (Petr), Treue zur überlieferten Lehre (Petr, Joh), Ausdauer in der Hoffnung auf das Kommen Jesu (2 Petr), Bruderliebe (1 Joh).

Für diese Mahnungen zu einem praktischen Christentum benützen die Verfasser in reichem Maße Traditionsgut: Herrenworte (besonders Jak), bekenntnisartige Formeln (1 Petr), atl. Zitate und sittliche Weisungen der Umwelt. Die Joh-Briefe schließen sich eng der Denk- und Schreibweise des Joh-Evangeliums an.

Wichtige Texte:	Jak 2, 14–18
	1 Petr 1, 3–9
	1 Joh 4, 7–16

Die Briefe selbst geben außer den Namen keinen Hinweis auf die Verfasser. In der Frage nach den Verfassern und der Datierung dieser Briefe ist die Forschung nicht einig.

Für den Weg der Kirche durch die Jahrhunderte geben diese Briefe Impulse, für die der heutige Mensch aufgeschlossen ist: sie legen den Nachdruck auf das Tun, besonders die Bruderliebe, und verlangen Bereitschaft zu einem konsequent christlichen Leben.

Register

Register der Bibelstellen (Auswahl)

Kleine Bibelkunde zum Alten Testament

von Maria Riebl und Arnold Stiglmair

168 Seiten, Snolin

„Im vorliegenden Band wird eine kurze, sehr übersichtliche und fundierte Information geboten. Die Autoren sind auch Erwachsenenbildner und haben es vorzüglich verstanden, den weiten Bogen alttestamentlichen Schrifttums so wiederzugeben, daß die Bezüge zum Neuen Testament und zur Gegenwart offenkundig werden."

Kathpress, Wien

„Hier werden einleitend grundlegend Ausführungen geboten zum AT als ‚Buch Jesu und der Urkirche‘, zur Kanonizität, zum Werdegang, zu Methoden der Auslegung und zur Umwelt des Alten Orients. Wichtige Erkenntnisse werden in kurze Merksätze gefaßt, die auch optisch einprägsam herausgestellt sind."

Theolog. Literaturdienst

„Auf den Erkenntnissen der neueren Bibelwissenschaft aufbauend erschließt die ‚Kleine Bibelkunde‘ in verständlicher übersichtlicher Art den geschichtlichen Zugang und die bleibende Aussagekraft des AT für den heutigen Menschen."

Mann und Christ, Uznach

Tyrolia-Verlag
Innsbruck–Wien–München